图书馆智慧管理与服务创新研究

田金良 著

汕头大学出版社

图书在版编目（CIP）数据

图书馆智慧管理与服务创新研究 / 田金良著． -- 汕
头：汕头大学出版社，2022.8
ISBN 978-7-5658-4787-5

Ⅰ．①图… Ⅱ．①田… Ⅲ．①智能技术－应用－图书
馆管理－研究②智能技术－应用－图书馆服务－研究
Ⅳ．① G251-39 ② G252-39

中国版本图书馆 CIP 数据核字 (2022) 第 159667 号

图书馆智慧管理与服务创新研究
TUSHUGUAN ZHIHUI GUANLI YU FUWU CHUANGXIN YANJIU

作　　者：田金良
责任编辑：陈　莹
责任技编：黄东生
封面设计：刘玉洁
出版发行：汕头大学出版社
　　　　　广东省汕头市大学路 243 号汕头大学校园内　邮政编码：515063
电　　话：0754-82904613
印　　刷：廊坊市海涛印刷有限公司
开　　本：710mm×1000mm　1/16
印　　张：10.5
字　　数：165 千字
版　　次：2022 年 8 月第 1 版
印　　次：2023 年 3 月第 1 次印刷
定　　价：48.00 元
ISBN 978-7-5658-4787-5

前　言

在信息技术快速发展的时代，传统公共图书馆在发展建设中面临着新的挑战。用户的信息需求在不断发生变化，获取信息的方式也从单一化向多元化发展。RFID 技术、iBeacon 技术、VR 技术、AR 技术、大数据技术、云计算技术等新技术与公共图书馆管理服务的关系越来越紧密，这迫使公共图书馆不断发展，并需要根据不断变化的条件和不断变化的用户习惯定制图书馆服务。图书馆智慧管理与服务就是利用物联网信息感知技术，以智能化设备为手段，将馆藏文献、数据、用户、馆舍等统一于全面感知的智慧化通信网络中，实现人书屋互联、智能感知、在线监测、定位跟踪、信息传输、资源调控、知识与信息的快速获取，为用户提供高效的智慧化服务环境，达到有效管理和利用馆藏资源的目的。

公共图书馆应对以前的服务内容、模式进行改变，为用户提供智慧服务，才能积极应对信息技术的快速发展带来的机遇与挑战。公共图书馆在向智慧图书馆转变时，应以用户为中心，满足用户的个性化需求，为用户提供智慧服务。这要求公共图书馆具备与时俱进的创新思维，以技术创新带动服务创新。公共图书馆注重服务创新，才能不断迎合图书馆发展中出现的新需求、新服务以及新平台。公共图书馆智慧管理与服务作为图书馆未来发展的新形态，将成为图书馆创新发展的新实践。

本书从图书馆管理方式的演化入手，对图书馆智慧管理的特点及优势，技术支撑与内容几个方面进行了研究，分析了图书馆智慧管理下的服务创新、现存问题及发展趋势，对图书馆管理体系的建设提出了一些新的看法和观点。图书馆正处在变革和转型时期，图书馆的管理和服务也在不断发展、深化改革中，加上作者水平有限，本书难免有疏漏或错误之处，恳请各位读者批评指正。

目　录

第一章　图书馆管理基本概念

第一节　图书馆管理概述

图书馆管理是根据图书馆工作的客观规律，运用现代管理学的思想和手段，对图书馆进行科学的管理，以实现既定的目标的过程。在这一过程中，图书馆管理工作实现了改进，并最终达到了预期的目标。

一、图书馆管理的含义

在我国，随着国外图书管理学理论的译介和图书馆管理实践的不断深入，人们对图书馆管理内涵的认识也逐步趋于成熟。在此过程中人们提出了多种图书馆科学管理的定义，下面分别予以介绍。

定义 1：图书馆工作的自动化管理就是图书馆科学管理

辨析：图书馆要实现自动化管理，运用自动化技术对图书馆的业务活动进行集成化管理是图书馆工作现代化的一个突出特点。但图书馆管理是包括人员管理、经费管理、设备管理、业务工作管理和图书馆事业管理的综合性的管理，绝不是一个自动化管理就能涵盖的。可以说，自动化管理仅仅是图书馆工作对现代科技的运用，只是图书馆管理的一种方式、一种手段。

定义 2：图书馆内各个工作环节之间的高度协调一致就是图书馆科学管理

辨析：图书馆内部各工作部门的高度协作是实现图书馆高效运行的一个重要特征，但是，光有这样的合作并不能保证图书馆的有效运营，这是因为图书馆管理包含了决策的过程，而一旦决策失误，那么各工作部门的高度协作就会带来更多的负面影响。因此，只有在正确决策的基础上，各工作部门的高度协调一致才能发挥积极的作用。

定义 3：低耗、高效、优质的管理就是图书馆科学管理

辨析：低耗、高效、优质，这 3 个指标是现代企业经营绩效的评价标准，对图书馆管理具有一定的参考价值，但将这 3 项指标完全套用于图书馆管理是不可行的。由于图书馆活动是属于精神生活的范畴，而精神生活所带来的社会效益常常是隐性的、隐性的，一些的精神生产活动的社会效益是迂回地转化到物质生产部门，甚至有些精神生产活动在短期内往往看不到它的经济效益。正是由于精神生产是与物质生产有如此的区别，所以对其效益进行评价的指标也应该是独特的。

定义 4：符合图书馆工作规律的管理就是图书馆科学管理

辨析：这一提法是从哲学上总结出了对图书馆管理的认识，即按照图书馆工作的客观规律来进行管理，就能提高图书馆管理水平。

定义 5：图书馆组织管理的系统化就是图书馆科学管理

辨析：系统理论是对系统存在与发展机制进行探讨的理论，将其应用于图书馆的管理实践将有助于丰富和完善图书馆的管理手段。但是，这样的界定太过于笼统。

这些观点是从不同角度认识图书馆管理问题的，都有其合理性，但也都存在其局限性。我们应该全面地剖析这种观点，吸取它们的合理因素，使之更全面、更准确地表述图书馆管理工作。本书认为，现代图书馆管理既不是单纯的行政管理，也不是单纯的以实践为基础的经验管理，不能将其归之于科学管理，更不能将其归结为数学方法加上电子计算机的应用。

图书馆管理是指通过规划与决策、组织与领导、控制与协调等一系列的工作流程，科学组织图书馆的文献、人力、财产、资金和物质资源，使之能够达成图书馆目标的活动。

二、图书馆管理的对象

图书馆管理包括微观管理与宏观管理两部分。从微观角度看，图书馆管

理是对单个图书馆的进行管理，而从宏观角度看，图书馆管理是对整个图书馆事业进行的管理。

图书馆管理包括人力资源管理、物力资源管理和财力资源管理三大部分。其中，人力资源管理包括图书馆员工管理和读者管理；物力资源管理包括文献资料管理、图书馆建筑与设施管理、技术手段管理；财力资源管理包括图书馆各项财政支出收入的管理。

（一）图书馆人力资源管理

1.员工管理

图书馆员工是图书馆把文献资料和读者联系起来的桥梁，是图书工作的管理者和组织者。图书馆工作效率和社会效果的优劣与其员工息息相关，因此，图书馆员工是管理的主体要素。图书馆员工由专业人员、技术人员和行政人员组成，图书馆应通过定岗、定员、考核、选举、激励等多种方式等方式来激发员工的工作积极性，从而最大限度地发挥其潜能，实现人尽其才。

2.读者管理

读者也被称作"用户"，是图书馆的服务对象。读者是图书馆赖以生存和发展的根本。随着读者群体的复杂性、多变性和多样化的需要，读者管理活动日益受到图书馆重视。图书馆应坚持"读者至上"的理念，以读者对图书馆文献信息的需要为出发点和归宿，以最大限度地满足读者对知识信息的需要。

（二）图书馆物力资源管理

1.文献信息资源

文献信息资源就是"图书"，它是图书馆的"立身之本"，是其生存发展的前提和基础。它是按照图书馆的性质、任务、方针和读者的需要，经过漫长的时间积累而成的。当前，随着科技的发展，图书馆的文献资源更加多元化，既有印刷资源、缩微型资源、声像资源，也有电子类的资料及网络资料等。对其进行有效的管理，既要保证其体系的完整性，又要便于读者对文献信息的利用，还要注重图书馆的馆藏特点和文献信息资源的共享。

2.建筑设备

"设备"是图书馆赖以生存的基本要素。传统的图书设备包括建筑、书架、目录柜、阅读桌、椅子等。现代图书馆设备中不仅有传统的设备，更有大量的现代化科技设备，如音像设备、复印设备、微型阅读设备、传真设备，文字处理设备、图书馆计算机自动化设备、消防安全系统、中央空调、局域网等。这些设备又可以分为两大类：一类是服务于业务活动的现代科技设备系统；一类为业务主体提供服务的行政后勤服务设备系统。

3.技术设备

图书馆技术设备主要包括计算机软件系统、硬件系统和数据库系统。科学技术的发展和数字化图书馆的诞生，使图书馆的信息设施、信息资源和信息人员的智慧得以融合，使图书馆的自动化程度不断提高。利用这种技术手段，图书馆将会有很大的改变。因此，图书馆管理人员必须从战略性的角度来进行系统化的设计，以便为信息资源体系的形成、维护、发展和开发创造有利的环境。

（三）财力资源管理

图书馆财力资源的来源包括国家财政拨款和社会公众的投资。图书馆的资金支出包括采购文献资料、业务活动、行政管理费用、员工工资及设备维护费用等。图书馆经费预算是图书馆资金管理的重要组成部分，在实施中要建立一套严密的财务预算体系。管理者应通过核算执行情况，为经费管理提供相关信息。在财政资金管理方面，经营者要强化财政管理体系，严格遵守相关的财政规章制度，严格按照财政管理规范进行资金管理，以最小的代价获得最高的利益。

三、图书馆管理的特征

从方法上讲，图书馆管理是管理的系统化。现代图书馆管理最本质的特征是系统化管理。这个本质特征使现代图书管理有别于一般的行政管理与经验管理，它是一个由简单到复杂、由低级到高级的发展过程。系统化管理是当前我国图书馆发展的一个重要方面，它有 3 个特点。

（一）整体性

从系统论观点来看，所有的工作都是一个整体。为了实现图书馆各项工作的良性运行，必须满足下列各项工作的要求。

1.必须具有现代化的管理思想

要使图书馆管理目标得以实现，就不能故步自封，而要不断学习，勇于创新，开创新的历史。

2.必须采用科学的方法

要对图书馆系统进行科学管理，构建起图书馆系统各层次、各环节的数学模型，以确保系统管理的高效实施。要按照工作分工，对指标进行分类。工作限额是指每位员工在规定的时限之内，按规定的质量和数量来完成任务。在高校图书馆中，推行限额管理是一项十分必要的工作。推行限额制能有效地促进工作的顺利进行，确保各项工作的顺利进行。

3.必须有严格的管理制度

要保证图书馆体系的正常运转，就需要制定相应的管理制度。如果没有管理制度作保障，工作就没有办法进行下去。

4.必须有一个统一的操作标准

图书馆管理工作要实现规范化，就必须有一个统一的操作标准。

5.必须有合理的智力结构

图书馆的智力结构应包括图书馆学、信息技术、自动化技术和其他专业人才。另外，各学科岗位要按一定的比例来设置。有的学者通过调研和科学的分析，认为在图书馆工作中应该以 1：3：9 或 1：5：15 的比例设置不同的岗位，即 1 名高级馆员配备 3～5 名馆员，1 名馆员配备 3～5 位助理馆员。不同类型、不同的性质的图书馆，应有不同的智力结构。

这 5 个方面是图书馆整体运作的基石。在经营中应注重整体与局部、物力与人才、定量分析与人的主观能动性等各个方面的相互关系。

（二）关联性

图书馆系统中的各个环节、各个层次都是相互关联、互为因果的。因此，在解决问题时要十分注意事物的因果关系。例如，拒借率是图书流通工作中存在的重要问题，产生拒借率的原因有文献信息资源建设工作方面的，有文献整理与目录组织工作方面的，有流通借阅工作方面的。要全面地分析各个工作环节造成拒借的具体原因，加强全馆各部门业务工作的联系和协作，建立岗位责任制，才能从根本上降低拒借率。

在我国，图书馆各个环节、各个层次之间存在着相互影响的关系。所以，在处理问题时要特别重视因果的联系。举例来说，图书馆拒借率是图书流通工作的一个重要问题，造成拒借的主要因素有文献资料建设方面的，有资料的整理和编目组织方面的，有流通借阅方面的。要对每一个工作过程中出现的拒借现象进行综合剖析，强化工作配合，并制定相应的工作责任制，有效地减少拒借现象的发生。

（三）均衡性

图书馆是一种动态的体系。在运动过程中，既要达到与外界的协调，又要实现内部的动态平衡。为了达到图书馆均衡的社会需求，必须使图书馆与社会政治、经济、科学和文化教育发展协调一致。图书馆的内在平衡需要各个子系统的功能与其总体目标相一致，以确保其与外界的平衡性。比如，在编目系统与档案结构系统、备查性文献与流通性文献之间的关系、人员配备与复杂的文献资源的关系等方面的均衡，实现各环节、各层次间的协调和平衡发展。

整体性、关联性和均衡性构成了现代图书馆管理的特征。这就需要将图书馆看作是一个整体，包括众多相互联系、相互依赖的部分。图书馆的建设应着眼于整体而非局部，在对管理过程中出现的问题进行研究时，要从发展和变革的角度出发，而不能用孤立的、静态的眼光来看待问题。在图书馆管理活动中，要考虑各层次、各环节之间内在的关系，而不能将各个环节分开来处理。

四、图书馆管理学

图书馆管理学是对图书馆管理理论、管理过程、管理方法和图书馆管理趋势的科学。其主要内容是。

（一）图书馆管理的基本理论

内容包括图书馆管理学的研究对象、研究内容和体系结构、学科性质、研究方法和研究课题。还包括图书馆管理的意义，图书馆管理的目的、任务、手段、工具，管理原则、管理理念的形成和发展等。

（二）图书馆管理过程

包括图书馆决策、规划、组织、领导、控制、协调等。

（三）图书馆管理方法

包括行政手段、经济手段、法律手段、激励方法、数学方法、运筹学方法等。

（四）图书馆各种具体管理

包括行政管理、人事管理、资金管理、文献管理、设备管理、建筑和环境管理等。

在过去的 20 多年里，国内图书馆管理研究一直是一个热门话题，其研究主题包括：①图书馆质量管理、竞争策略等；②图书馆管理体制，主要有领导体制、管理模式、法律制度，图书馆政策，图书馆规章制度等；③图书馆业务管理，主要有图书馆业务流程管理，图书馆评估，图书馆统计，电脑管理等；④图书馆的行政工作，主要有领导和决策、思想政治工作、岗位责任制；⑤图书馆的人事工作，包括图书馆的专业、职称和队伍建设，激励、评估，在职教育等；⑥图书馆信息管理与知识管理，包括信息管理、知识管理、图书馆管理、文献管理等；⑦图书馆经营管理，包含图书馆有偿服务、创收经营、产业化经营理论，公关、形象设计等；⑧各类图书馆的行政工作，其中包含了教育系统的公共图书馆、学校图书馆、科学院图书馆和研究单位图书馆；⑨互联网环境下的管理问题。

第二节　图书馆管理的原则和意义

一、图书馆管理的原则

（一）系统原则

图书馆作为一个包含多个子系统的元系统，处在一个更大的服务体系中，是整个图书馆事业甚至整个社会的知识和资讯系统的一个子系统。其系统功能、层次结构、整体性以及与外部的关系，由于能量与信息的交流具有共性，因而，需要以系统化的方式来进行图书馆的管理。系统管理必须注意 5 个环节。

1.目的性

图书馆是一种以系统方式收集、加工、保存文献的社会性服务组织。通过信息的组织、整理和交流，使读者可以利用图书馆资源获得其所需要的信息。图书馆的主要功能是收集、整理和提供使用，以解决人们对知识和资讯的需要。虽然图书馆在方针、任务和用户的特定目标上存在着差别，但是图书馆整体目的都是以读者为中心，为读者服务。图书馆的这一性质要求每个员工都不能只考虑自己的工作，而应该牢记整个大体系的总体目标，并致力于实现整个体系的目标而努力。

2.整体性

图书馆管理要有一个全局观点，要有一个综合计划，要最大限度地综合图书馆的所有要素。

3.层次性

各个层级的制度应当明确，领导者要做好自己的领导工作，各级要把自己的事情做好，这样就可以实现有效的管理。

4.联系性

各系统之间因工作性质的差异而形成了各种独立的部门，但它们又互相关联，任何一个部门出现问题，都会对其他部门的工作造成一定的影响。

5.均衡性

由于图书馆体系是一个有机的整体，一环扣一环，因此，要保持平衡，不能出现偏差。

（二）集中原则

在我国，集中原则是图书馆工作的一个基本准则。集中管理包含4个方面的含义：①是指图书馆事业要实行集中统一的管理，以便统筹全国各系统和地区图书馆工作；②是指图书技术工作的标准化、规范化，包括分类、编目、数据存储和数据交流等必须统一；③实行图书馆立法、人员编制、人员技术职称等管理工作的统一；④要做到有清晰的办馆理念，这是实行"集中原则"的思想依据，要制定比较完备的法律法规，实行法治化管理。

（三）民主管理

这是我们国家图书馆管理的另一个重要原则。实行民主管理，即吸纳馆员、读者参与图书馆管理，并设立由馆员、读者等组成的民主管理机构。该机构旨在推动我国图书馆事业发展，其主要职责包括：①为图书馆工作提出合理化建议；②推动图书馆管理工作的开展；③就如何合理配置和利用专业人员提供意见；④负责对领导干部的工作进行监督。

（四）动力原则

图书馆是一种动态的、变化的客体，如果没有了动力，图书馆就不会有发展；图书馆的发展是由读者的需要和员工的激情所推动的。现代图书馆管理的主要推动力是：①物质动力。它是满足员工生理需求的最基本的动力，如工资水平、奖金发放、福利待遇、住宿环境等。②精神动力。包括事业理想、精神激励、事业前途等。③信息动力。信息不但为管理者做决定提供决策依据，同时也为被管理者提供了行动的推动力。

（五）效益原则

管理以效益为基本目标，管理的目的就是持续地追求效益。加强图书馆管理，目的是增加图书馆馆藏效益。图书馆效益既有社会效益，也有经济效益。图书馆的社会效益是指为读者提供智力和信息服务，从而产生政治、经济、文化和思想上的效果。但是，这些社会效益往往是隐性的、长期的，难以用数字来计量，因此，要提高图书馆的社会效益，就必须提高其服务质量。经济效益指的是如何最有效地利用图书馆人员、资金，最大限度地发挥图书馆馆舍和现代设备的作用，以有限的绝非来购置他们所需要的文献，以最经济的方式存储信息，以最快速度为广大读者提供高质量的信息，确保各项工作的效益的最大化。

二、图书馆管理的意义

（一）图书馆管理是图书馆发展的需要

一家图书馆，员工数量从数十人到几百人，乃至数千人不等，工作内容复杂繁琐。面对这样一个系统工作，必须把其工作环节中的各个子环节、物资设备和员工，按某种组织法则井然有序地组装成一个体系，并进行调整、合理化，实行统一调度，才能保证其的有效运转，否则，图书馆就不能完成它的方针任务。

随着人类的进步和科技文化事业的发展，我国的图书馆种类越来越多，与读者之间的关系也越来越密切。图书馆不再只是一个独立的个体，它已经成为一个社会的有机组成部分，因此，需要通过管理加强图书馆与图书馆、图书馆和读者之间的联系。

图书馆事业是由各种类型的图书馆组成的一个综合性的系统。要实现全国范围内图书馆系统的合理规划和发展，就需要对整个国家的图书馆进行科学、高效的管理，以便实现国家图书馆资源的高效利用。

（二）图书馆管理是信息服务和读者需求的需要

随着科技的飞速发展，世界文献数量急剧增加，这对肩负着信息采集和处理任务的图书馆提出了更高的要求。一方面要对数量庞大、内容复杂、载体多样的信息进行正确的选择，另一方面，要通过多种途径，及时准确地为不同的读者提供他们所需要的知识和信息。要做到这一点，必须对馆员进行持续的培训，对社会需要的各种信息进行充分了解和预测，对读者做科学的组织工作，这是图书馆管理的重要任务。

（三）图书馆管理是图书馆现代化的基础

在信息技术飞速发展的今天，我国图书馆呈现出馆藏多样化、工作标准化、技术自动化的特征。现代化计算机技术的运用必须依靠严密的组织、规范化的操作流程、严格的组织结构，才能使之得以有效运作。从这一点可以看出，科学管理是现代图书馆建设的一个重要的内容与前提，也是实现图书馆现代化的根本保障。

第三节　图书馆管理的内容和方法

一、图书馆管理的内容

图书馆管理是通过决策、规划、组织、控制、协调来实现的。在图书馆管理过程中，各环节之间相互联系、相互制约，构成了一个完整的管理流程。

（一）决策

没有恰当的决策，就没有图书馆各系统的正常活动。图书馆系统的决策主要包括：图书馆政策和战略等方面的决策；各种经营决策，例如选择收集的文献种类和数量，选择分类方法，选择排架方式等；人力资源的决策，主要包括人员的智力结构、人员的更新和培训、奖惩制度的制定；财务和设备方面的决策，如资金的分配、设备和用品的选择。准确的决策来自于准确的判断，而准确的判断来自于周密的调研。所以，深入调研是防止和减少决策失误的一个关键环节。

（二）计划

在管理活动中，计划是非常关键的一环。计划就是预测未来、确定目标、制定政策的连续过程。在图书馆的各个环节中，计划是图书馆各项工作的指针，图书馆工作的正常进行都是通过计划去实现的。

图书馆计划包括两大基本方面：一是国家图书馆事业发展计划，二是个体图书馆发展计划。

国家图书馆事业发展计划包括：①全面的图书馆发展计划：明确发展的数量和效率，合理安排优先次序，均衡各类图书的建设与布置；②网络建设规划：确定网络的组织方式和体系；③职业人才的培训：主要有学校教育、职业技术教育、函授教育；④科研和协同发展计划：主要内容有基础理论研究、重大科研项目、技术设备和技术支持。

个人图书馆发展计划包括：长远计划和短期计划、全馆计划与各个业务部门计划、全馆总体发展计划与局部发展计划。

计划是由定额、指标和平衡表3部分组成的。各种定额是发展计划的基础，计划的内容和任务体现在指标上，计划就是综合平衡，而平衡表是计划最基本的手段与工具。国家图书馆发展计划是由多个分项计划组成的。在编制计划时，必须清楚本计划的主要工作内容、在整个计划中的位置与角色，并仔细选择衡量本计划发展程度的主要标准，并确定发展的大小与速率。要强调优先发展，确定合理的比重，并要重视各种方案的配合。需要注意的是，在制定图书馆计划时，需要搜集可靠的数据，并以各种有关的指标为基础，寻求最优的发展方案。

（三）组织

组织是指对活动所需资源加以组合、建立组织活动与职权之间关系的过程。组织是发挥管理职能、实现管理目标、完成计划的保障。组织工作既是一种分工的活动，也是一种将各个方面都协调起来的活动。组织工作还包含人事工作，也称为"员工配备"，也就是为在工作流程中所设定的职位分配合适的员工。所以，在图书馆的管理中，应建立一个合理的组织结构，确定每个职位的职能，建立不同层次工作人员的联系，做到职责明确、权责结合。只有如此，所有的决策和计划才可以在整个管理流程中得以实现。

（四）领导

领导会对员工的工作产生影响，包括激励、领导的方式方法、沟通等。图书馆应建立合理的领导团队，注重对领军人才的选择，注重领导团队的知识架构，强化领导团队的凝聚力与合作。领导干部在合理运用法定权力、奖励权力、强制权力之外，应加强自身的综合能力，提高自身的权威和影响。应注重对领袖艺术的研究和运用，包括授权艺术、决策艺术、用人艺术、奖励艺术等。

（五）控制

控制就是按照工作计划和标准对工作结果进行纠正，防止其偏离正确轨道，以保证工作的顺利进行。因此，控制不仅是要评价已有的工作成绩，还要了解和评价工作的发展趋向，并为改善工作提供相应的反馈。可以说，如果没有一个好的信息反馈，图书馆就不能对各项工作进行有效的控制。

（六）协调

在管理活动中，协调是一个重要的工作，它能促进图书馆的发展，也能促进整个工作氛围的和谐，防止各种冲突与脱节现象。从宏观上说，图书馆的协调是指在图书馆内部进行纵向、横向的协调。纵向协调是指在不同层级之间维持一个整体的均衡；横向协调是指在不同层面上维护图书馆体系内部的相互配合，防止各种不正常现象的发生。从宏观角度来说，图书馆协调指的是与图书馆外部的协调。图书馆外部的协调又可划分成纵向层次的协调和横向层次的协调。纵向层次的协调是指本层次图书馆从上到下的协调；横向层次的协调是指图书馆系统方针、任务与其他图书馆系统之间的协作。例如，省图书馆是一个公共图书馆系统，它既要与全国图书馆系统相配合，又要与高校图书馆系统、科学图书馆系统以及其他图书馆系统进行横向协调，这样才能更好地利用各类图书馆系统的资源为读者提供更好的信息服务。

二、图书馆管理的方式

图书馆管理方式是图书馆管理手段、措施和途径的总称。在图书馆的各个层次、各个过程和各个环节中，都有相应的管理方法。不同的管理方法在管理活动中具有不同的地位、作用和特点，但都有其自身的缺陷。所以，运用多种方法，使之相辅相成，是图书馆管理工作的重点。现代图书馆管理有多种方式，包括计划管理、规章制度管理、岗位责任制、目标管理、馆长负责制、图书馆统计等。

（一）计划管理

图书馆计划管理的核心内容是图书馆计划。从制订计划至实施计划，直至完成计划的总体目标，这是计划管理的全过程。实现计划管理的先决条件是制订一个切实可行的工作计划。在制定图书馆计划时，应遵循科学、客观、灵活、统筹等基本方针。总体上，计划的编制要经历四个阶段：①对现状进行调研，并给出构想；②收集资料，进行回顾性的研究；③对将来的展望和目的的确立；④制订计划，选择最好的方案。

图书馆制定计划和做出决策之后，只能通过执行计划将计划的指标转换为工作成果，才能达到既定的目标。计划的执行必须做到以下几点：任务划分、任务分配、责任划分、反馈管控、协同配合、适时汇总。计划—实践—总结—再计划—再实践—再总结，循环往复，不断发展和完善。

（二）制度管理

图书馆规章制度是图书馆工作的工作规范和读者所应遵守的规定、章程、规则和方法，它是图书馆实现科学管理的基本原则，也是图书馆工作有序有序进行的保障。

各类图书馆，尤其是那些藏书多、规模大、层级高的图书馆，都需要制定完备而有效的规章制度。在制定规章制度时，必须从四个角度来考虑：①图书馆与读者的关系：既要以方便读者为出发点，又要建立在管理科学化的基础上。②读者之间的关系：在制定规章制度时，要做到既能满足普通读者的要求又能满足普通读者的要求。③合理使用馆藏与保存文献之间的关系：在保障读者使用的前提下，实现馆藏资源的完整性。④图书馆各部门之间的关系：图书馆要有一揽子的管理制度，包括组织管理制度、岗位责任制度和人员管理制度等。

（三）计划管理岗位责任制

工作责任制就是用规章制度的形式对员工的职责进行详细的界定，并据此对其进行评价和奖励。它的主要内容包括：①科学设置职位，界定工作范围；②对各个部门的职责进行清晰的界定；③规定每项工作的数量、质量和时限的标准；④确定工作中各部门的工作职责；⑤对所有工作人员的工作操守进行规范；⑥制定奖惩制度。

（四）目标管理

目标管理是一个系统，它是指由下属和上级联合制定业绩指标体系，定期审查实现的进度，并以此为基础来进行奖赏。这是一种以结果为导向，共同确定一定时期的总目标，在特定时间内，通过层层分解、自我控制和自我管理等手段来达到目标的一种管理方法。

目标管理的含义应包括六个基本要素：①注重结果导向；②管理人员与下属共同确定某一阶段的目标；③把共同目标进行分解，落实到部门和个人；④根据预期个人可能达到的目标确定个人的职责范围；⑤每个人自觉地以目标为中心自觉工作、自我控制、自主管理；⑥根据预先设定的目标，检验并评估所取得的成绩。

图书馆目标管理是运用目标管理方法来开展图书馆各项管理活动。其内容主要有：①制定总目标；②逐级分解目标；③制定落实措施；④合理调配人员和物质资源；⑤实施和控制；⑥结果评定。

与工作责任制相比，目标管理更适合于图书馆工作的性质与特征，更能体现出图书馆馆藏的整体性，更能发挥人的积极性和创造力，更有利于提升图书馆工作人员的专业素养，因此，目标管理成为我国图书馆管理的一项十分有效的管理方法。

第四节　工作组织管理及管理模式

一、工作组织管理

（一）业务机构的设置

图书馆工作是一个工序很多、前后衔接、连续性强的工作。如何将图书管理工作中的各个环节进行合理的安排，并设立若干部门对其进行统一管理，是做好图书馆工作的重要条件。

图书馆要设立哪些机构目前还没有统一的标准和规定，各图书馆应按其任务、馆藏、人员配备综合考虑、统筹安排。

业务机构的设置首先应有利于管理，各部门之间既有明确的工作范围，同时又能方便协调，发挥整体的作用。各部门实行分级管理，能够最大限度地激发全体员工的工作热情。要将那些性质相近的工序组合在一起，以避免重复工作，节约人力和时间，提高工作进度和质量。

总体而言，工序是图书馆设置业务部门的基础。根据工序安排各业务部门，可以有效地安排工作，方便各部门的沟通。在通常情况下，图书馆一般会设置以下几个部门。

1.采编部门

主要承担文献的采访、征集、验收、登录和销毁；对文献进行分类、编目、专题索引；负责图书资源的收集与图书馆间的交流等。

2.外借阅览部门

负责用户的借阅登记，发放借阅卡；负责图书馆的图书借阅工作；推广相关的参考资料，引导读者的阅读；协助使用者进行拷贝等。

3.参考咨询部门

承担各类文献的编撰工作；引导读者利用书目索引、文摘、题库和其他工具，为用户提供咨询服务。

4.文献典藏部门

承担起图书馆基础图书及图书馆藏工作的组织与管理；负责图书的出库、整理，搞好档案资料的保存。

5.业务研究辅导部门

负责本地区和本系统图书馆的业务辅导工作；组织本地区及本系统图书馆工作经验交流，并开展图书馆的工作调研；收集、整理和保存有关的图书信息；一些专业的图书馆业务研究辅导部门也承担着本地区图书馆的业务协调工作。

6.特藏部门

负责珍本、善本文献和其他特藏资料的管理和流通。

7.自动化部门

承担图书馆自动化系统的开发和维护工作。

由于诸多因素的作用，不同图书馆组织结构也不尽相同。规模较大的图书馆可以设置采访部和编目部。小型的图书馆往往会将采访部和编目部合并，成立一个采编部；把阅览与典藏合并，设立典阅部等。在我国，各省市公共图书馆一般都设有业务研究辅导部，一些较大的科研机构图书馆还设立有业务研究辅导部。一些大的图书馆将图书与期刊分开；一些高校图书馆按照学科设置业务部门。有些图书馆为了方便收集、整理和利用各种文献，专门设立了典藏和文献处，从采访、典藏到发行，建立了一个相对完整的体系。一些图书馆还建立了信息部门，以增强图书馆的信息服务工作。

根据图书馆的规模，上述各业务单位可以称为部或小组，但是其工作性质是相同的。

图书馆的所有工作都是由以上各业务单位独立承担。各业务机构之间的工作分工清晰，但彼此之间也存在着密切的关系。在整个工作过程中，用户服务工作是其中最重要的工作。所以，各单位业务机构的设置必须围绕着读者工作来构建，把握好这个核心，业务机构的设立就有了一个清晰的方向。

在虚拟环境中，图书馆的工作流程和环节将会发生变化，原有的采购、典藏、服务等部门的功能将会随之扩大，可按任务划分成信息收集部、信息转换部、数据描述部、数字化服务部、技术支持部及其他相关工作。为了满足市场需求，有的还成立了文献开发部，专门从事图书业务的开发和创收工作。但传统的图书馆藏、服务部门等仍然将继续存在。

（二）规章制度的设立

1.图书馆规章制度建设的重要作用

图书馆管理条例是图书馆的工作规范和使用者所应遵循的规定、章程、规则和方法。这是实现图书馆科学高效运转的基础，也是图书馆工作有序进行的重要保障。

各类图书馆，尤其是规模庞大、工作任务繁重的图书馆，都应制定严格、科学的规章制度。一个图书馆工作效益的大小和工作秩序的优劣，与其能否科学地制定和贯彻各项规章制度密切相关。

严密、科学的管理制度，既要准确地体现出业务工作和技术工作的特征和规则，又要能准确地指导图书馆业务技术工作，并能有效地处理好馆内各个部门、各个工序间的业务技术问题、工作人员之间的关系问题以及图书馆与读者、一部分读者和另外一部分读者的关系问题。

科学、严密的规章制度应该反映出人们在工作中的成功经验，或者说，是对工作的法定化、规范化。图书馆应该明确图书馆提倡什么、反对什么、限制什么，让图书馆的管理人员和用户遵守规定，确保图书馆工作有序地开展。图书管理条例是对图书馆工作实践经验的归纳和总结，但是，在工作的不断发展和读者理解不断加深的今天，这种变化并非一成不变。人们应该根据客观情况的变化适时地规章制度进行检查，如果发现有不正确的地方就必须进行彻底的改正。在对制度进行变革时，要把合理制度与不合理制度、正确制度与错误制度、必要制度与"清规戒律"的界线进行严密地区分。由于图书馆的经营工作具有积累性、持续性和连锁性的特点，涉及经营管理技术的规章制度必须尽可能地做到最大程度地稳定和规范，并尽可能地减少和防止非必需的变化。对于必须要改的规章制度，破了以后就得立起来，最好的办法就是先立后破、边立边破，以免出现问题，造成工作上的混乱。

2.图书馆规章制度的建立和执行

在制定法规的过程中，必须做到严格、严谨，以"凡事慎于始"的原则，使新制定的规章更加贴近现实、科学化。在制定规章制度时，必须从四个角度来考量。

（1）图书馆与用户之间的联系：图书馆制定各项规章制度应以方便用户为起点，以科学的方式进行管理，二者应有机结合。"方便"是为了方便所有人，而不是为了方便某一方而影响其他方；并且，这个方便是长期的。这就要求科学、高效地进行管理。

（2）用户之间的联系：在制定规章制度时应遵循以满足普通用户的要求为目标的基本原则。从总体上讲，图书馆应该维护大部分用户的权益。比如，图书馆制定一些防止文件遗失、受损的制度，其宗旨是维护所有用户的共同权益。

（3）合理使用馆藏文献与保存文献之间的联系：图书馆的各项管理制度既要便于读者使用，又要兼顾馆藏的保存。文献资源的使用是图书馆工作的宗旨，而保管馆藏资源则是为了更有效地利用馆藏资源。图书馆管理工作要从完善管理制度等几个角度来调整利用馆藏文献与保管文献的关系。从总体上看，馆内藏书主要是为了满足读者的需要，但也有个别的文献或类型的作品在特定的时段也可以只允许使用者在馆中阅读，而不允许外借。有些文件仅供科研人员使用，而非为普通使用者所用。这样做既保障了关键读者的急需，又方便了读者的借阅需求。

（4）图书馆各部门的相互联系：图书馆各部门之间的工作是相互联系的。只有各部门之间工作平衡，才能确保工作的顺利进行，不然就会造成工作的混乱。全馆工作的平衡，是指收集、整理工作与流通推广工作要保持平衡。应加强档案收集、整理、典藏等方面的工作，以利于馆藏文献的流通和推广。

建立健全严密科学的图书管理制度既是图书馆管理工作中的关键环节，也是图书馆的一项重要管理手段。凡是制定出来的各项规章制度，一经通过，就要严格贯彻，所有员工及所有读者均有监督和保障各项规则实施的权利。

要确保各项规章制度的有效实施，必须要有一套严格的监察机制，使其与干部考核、奖惩相统一。

3.图书馆规章制度的内容

图书馆应该建立一个既包括行政方面也包括业务方面的制度。在行政工作中，应以组织和管理体系为主。图书馆规章制度是图书馆工作的总体指导方针，应该对本馆的性质、方针、任务、领导分工、业务工作、会议等问题做出清晰的规定。其中，业务工作方面的制度最基本的有以下几种。

（1）文献采集工作制度：主要内容有文献采集的准则与方法及文献采集工作细则。在收集准则与方法上，应对收集原则、收集范围、复本标准等做出规定。文献采集工作细则是对采访者文献信息采集工作的具体守则，其主要内容是文献采集操作技术、质量要求和相关的问题。

（2）编目工作制度：由编目工作细则、文献分类规则、文献著录条例、目录组织规则等组成。编目工作制度是编目工作的总体规范，包括整个工作流程、方法依据、操作技术和品质标准。因为图书、期刊、报纸、音像资料、计算机文档等都是分类的，其工作流程、方法依据、使用方法等都有一定的差异，故要单独制定。文献分类规则主要是对分类法的选取、增删、判别与分类方法等方面的规范。由于文献分类规则涉及文献编目的编排、文献的归档编排等问题，因此在编目时要综合考虑馆藏的专业特点、馆藏文献的构成以及读者的需求。文献著录条例是文献著录方法的规定。

（3）借阅工作制度，由用户借阅规则、阅览工作组织组成。用户借阅规则以使用者为导向，可以分为用户登记制度、借阅证制度和借阅办法、阅读规则、文献复制规则、赔偿规则等。在阅读工作中，除了为读者提供一定的规范之外，还应规定馆员应怎样对待读者、怎样保存图书、规定服务范围、服务对象、服务标准等。

（4）书库管理规则：由保存本书库、基藏书库、辅助书库及特藏书库的划分和管理等组成。书库管理规则应包括文献的排架、出入库登记、文献的动态统计、书刊出纳人员的职责、装订、修补、剔旧、安全防范、清点等方面。

（5）自动化工作管理规则：包括机房管理、数据保存、访问权限、数据安全、设备更新等方面的相关规则。

除了这些制度之外，还要制定其他有关管理规定，如资金的利用与管理条例、设备管理与维护条例、岗位责任制与奖励条例等。

没有哪一条规章制度是单独制定的。在这些规定中，不仅要对图书馆馆员和使用者有清晰的要求，还要对图书馆的藏书进行一定的保护；不仅要规范与馆外的联系，而且要规范内部的联系，同时要注意一项制度、同一制度下一条规则与其他规则之间的呼应与协调。

二、图书馆管理的模式

（一）资源管理模式

图书馆可以按照自己的发展目标和特色，对管理模式进行合理的整合。图书馆资源管理模式可归纳为以下几种。

1.小而全模式

是指在图书馆现有基础上保持动态均衡。对于小型图书馆来说，要确保其设备的新颖、完备性，保持与国内同类图书馆的发展同步，以确保图书馆网络化、自动化、数字化工作的持续进行。在当前时代，小而全模式的图书馆应该加大投入，在图书馆的基础设施、服务手段、网络设备等方面加大投入，为图书馆"软"工作打下坚实的"硬"基础。

2.专而深模式

在当代，图书馆已不是以传统的文献收集为核心工作，而是应努力使其更好地发挥文献信息的作用。在文献数量剧增、文献价格上涨、购书经费下降的情况下，采用"专而深"的馆藏模式是其发展方向。这一模式要求馆藏专而深，而不是全而宽。收藏重点应该放在图书馆最常见的文献中，使收藏有重点，服务有特色。

专而深的模式是当前世界虚拟图书馆的重要组成部分而为人们所熟知。在网络环境下，来自某一领域的信息被从不同的地区收集起来的，组成了一个完整的虚拟图书馆，为用户提供全方位、系统化的服务。在新技术的冲击下，构建专而深的图书馆模式是一种新的选择。

3.网络化模式

当今社会，资讯日新月异，即使是一个规模庞大的图书馆，也不可能将所有的资料都囊括其中。所以，如果不借助外部力量，实现馆际合作和资源共享，那么图书馆的发展道路会越来越狭窄，最终会被人们所遗忘。随着信息技术水平的不断提升，图书馆之间的沟通和合作越来越方便。从文献采访到文献查重，从集中著录到共同著录，从书目著录到全文资料的搜索，从图书馆间的互借到资料的分享，图书馆的所有各项基础服务均能在网上完成。

现代图书馆应该具有这样的合作精神，要敢于突破"围墙"的界线，逐步将自己的经营范围扩展到外部，与其他图书馆和文献部门协同工作，从而形成一个完整的图书馆网。要勇于确立大图书馆观念，将自身的业务发展与整个网络系统联系起来。

4.信息导航模式

知识大海广袤无垠，蕴含着海量的资讯，要想在其中找出与自己相匹配的资讯简直是大海捞针，而现代生活又是以高效、快速为特征的，这就使读者不可能花费太多的时间去寻找所需要的文献资料。图书馆是信息资源的枢纽，在信息时代，图书馆应承担信息资源导航员的角色，正确地组织和开发第二、第三信息资源，减少人力资源的浪费，使工作过程更加顺畅。这要从两个方面做好工作：一是要开展文献综述、剪报参考，定期服务、定题服务、编写主题文件资料库等服务；二是要提升自身的素养，做好网络导航，指导用户准确获取资讯，获取有一定学术参考意义的资料。

（二）组织机构模式

在现代崇尚创新的时代背景下，图书馆应结合各自实际，选择符合其特色的经营模式。在管理方式上，应采取科学的组织机构模式，以更好地服务广大读者。

1.柔性化管理模式

组织机构是实现图书馆各项工作有序进行的重要支撑。由于过去过于强调组织结构的稳定，组织内部等级森严、层次清晰，因此组织结构常常缺乏沟通，难以适应不断变化的情况。柔性管理将组织结构视为一种柔性的、具有适应性和学习能力的有机生命体，而非单一的刚性的东西。可见，柔性化管理模式强化了部门之间、人与人之间的交流与协作，为图书馆的发展创造了一个良好的内部与外部环境，为人们的自由发挥创造了良好的条件与空间。

2.扁平化管理模式

扁平化管理模式是对"金字塔"管理模式的重塑，其组织模式从"塔型"结构向扁平化转变。由于企业内部的组织结构实现扁平化，减少了中间管理环节，节约了大量中层管理人员，在客观上有利于领导与下属的交流和磋商。扁平化的工作方式强调了合作的重要性，尽管随着工作的要求，图书馆人员的工作变动频繁，职位也在发生着变动，但是职责仍然清晰。在从层级（层级）到水平（自由化）的信息传递模式下，与之密切联系的图书馆的管理机构也从"金字塔"型走向了扁平化管理模式。某些中层组织会逐步消亡。那种分工太细、相互割裂的管理组织已经不能满足图书馆发展的要求。将相关的管理组织合并成为一种趋势。临时的、以任务为中心的团队会代替传统的固定的、正规的机构。这种灵活的虚拟组织已经是当前图书馆的一种重要组织形式。

3.虚拟化管理模式

虚拟化是指利用公共的外部信息网和渠道来提升信息的存储能力。引用到组织管理中是指协调外部力量、整合外部资源的一种策略。沿海地区图书馆与内地图书馆、大学图书馆与公众图书馆、省市县级图书馆现代化程度差别较大，发展也非常不均衡，甚至呈现"两极分化"的趋势。所以，在当前情况下，寻找一条能够解决当前和未来我国图书馆事业发展的管理策略就非常重要。虚拟化管理模式由于打破了组织自身的实体边界，实现了对外部力量的全面利用，能够优势互补、协同发展，实现各方"共赢"。

（三）运行机制

1.保障机制

图书馆是公共文化基础设施，首先它应该以政府投资为主，并吸纳各方的资源，确保其经费的持续稳步增加，构建起图书馆服务的资源保证体制；其次，政府要制定政策和规划，并在实际工作中发挥引导功能，为实现图书馆服务提供政策支持。

2.协调机制

图书馆的各级行政主管部门有责任协调好图书馆的内、外部关系，为图书馆的事业发展提供良好的环境。其内容包括：协调好图书馆与政府的关系，并得到各级政府和有关单位的大力支持和帮助；协调好各系统与图书馆的关系，从而建立起一个完整的综合服务体系；协调好与广大读者和各方面的关系，增强全社会的图书馆意识。

3.规范机制

首先，图书馆行政主管部门要对图书馆办馆条件（如藏书、人员、经费等）的最低限度做出明确规定；其次，各级主管部门应对图书馆的投入与效益方面起到监督和调控的功能；另外，要建立完善的技术规范，并对其实施情况进行监督。

4.激励机制

要处理好政府主管部门与图书馆的责任和利益关系，充分发挥图书馆工作的积极性，增强其工作效率。激活图书馆活力的核心在于建立一套行之有效的激励机制。

（四）体制模式

当前我国图书馆管理体制也呈现出一种新的多元化发展趋势，表现在以下几种模式。

1.理事会模式

图书馆理事会是由利益相关方组成的，具有最高决策权，相当于现代公司中的董事会。由董事会聘用的馆长负责图书馆的行政工作，其职责相当于公司的总经理。此外，还可以聘用有关人士组建专门的专家小组，进行政策咨询。理事会模式对具有一定规模和影响力的公共图书馆具有借鉴意义。

2.委托管理模式

原主管部门以正式契约形式授权图书馆给一家公司进行管理，合同中明确了各方的权利、义务、损益、分配等，同时也明确了受托公司某些特定方面的责任，例如公共服务。主管部门承诺为这一领域单独拨款、核算和评估。

主管部门不干预图书馆的经营活动，依照市场机制运行，并遵守相关法律规定。

3.溢出模式

"溢出"是指科技单位的研究者用他们所发明和所持有的成果来开办自己的公司。这样，研究人员的科技成果就可以"溢出"到整个社会，从而提高了社会的福利。随着科技的飞速发展，一些图书馆已经具备了能够"溢出"的科技资源。因此，某些图书馆可以采用溢出的模式。这种溢出模式与当前的"一馆两制"具有相似之处。必须明确的是，这种"溢出"是一种清晰明了、科学的制度创新，它集成了管理创新和业务创新。

4.严格隶属模式

这种模式是指一些小型或与其所在单位有紧密关系的图书馆，依然属于原来的单位，但是在制度规范建设上要实行严格的监管。

第二章　图书馆的管理与创新

第一节　管理图书馆中科学理念的应用

一、人本管理思想在图书馆管理中的应用

当今世界，信息技术的飞速发展对图书馆事业提出了新的要求。许多图书馆都在采取应对措施。在硬件方面，建设了数字化图书馆；在软件方面，以人性化的方式进行。尽管人们对后者的重视程度远远弱于对前者的重视，但是，从现实的角度来看，人本管理在提升图书馆竞争力和促进图书馆可持续性发展方面的作用并不逊色于前者。

（一）人本管理的内涵

管理是一种人类最基础的实践行为，而图书馆管理作为一种普遍的管理，属于管理科学的一个分支，而图书馆人本管理是图书馆一种新的管理模式。图书馆人本管理与以往的管理方式迥异，但并非无中生有，而是从传统的管理理念出发，汲取了新的管理科学知识，将两者有机地融合在一起，形成的一个新的管理理念。本文认为，图书馆人本管理就是通过确立人作为图书馆的主体，充分调动人的积极性，从而促进人和组织的共同发展并追求最大限度地发挥其管理职能的一种管理活动。

（二）图书馆管理工作的核心主体

传统的图书馆管理是以馆员、经费、文献和设施为对象的，也就是人、

财、物三要素。而以人为本的管理理念凸显了人在管理中的中心位置，这就是人为中心、以人为导向。人是所有的因素中的首要因素，是最为活跃和决定性的因素。这里的人是指图书馆员。然而，目前比较普遍的观点是，以人为本的人包含了图书馆员与读者这两个层面，从而引发了"馆员第一"与"读者第一"的争论。这就把图书馆的管理对象和服务宗旨这两种概念混为一谈。确立"读者第一"是服务宗旨，读者是处于管理对象之外的群体，它不是管理对象，就像金融、保险、电信等窗口行业一样，其服务对象是不能被纳入管理对象的，因此，这里的以人为本的人只能是馆员。

（三）马斯洛需求层次理论

1943 年，美国杰出的行为科学家亚伯拉罕·马斯洛在《人才动机理论》中提出了需求层次理论，认为人有五大基本需求，从低到高分为生理需求、安全需求、社交需求、尊重的需求和自我实现的需求。

人都有五大不同层次的需求，但是在每个阶段所显示的需求的紧迫性却不尽相同。人类最紧迫的需要，是人们行为动机的源泉。人的需求由外在的满足逐步转变为内在的满足。这五种需求是无法全部得到满足的，越往上走，所得到的满足程度就越低。每一种需求都不会随着更高水平需求的满足而消亡，各个层次的需求是互相依存和叠加的，高层次的需求得到满足之后，依然存在低层次的需求，唯一的区别，它所占有的比例明显降低了。高层次的需求要高于低层次的需求。在同一时期，人们往往有多种需求，但总有一个需求占据主导位置。人的五大需求常常是潜移默化的。对于个人而言，潜意识的动机要比有意识的动机更重要。

人类价值体系存在两类不同的需求。一种是本能或冲动，它随着生物谱系上升而减弱，叫作低级需求和生理需求；一种是随着生物体的进化而逐步出现的潜能或需求，被称作高级需求。在人的高级需求出现之前，低级需求必须得到满足。而在满足了较低水平的需求之后，更高水平的需求将会增强其激励力量。

（四）调动人的主观能动性是人本管理的核心

1.主观能动性是人的主要特征

说到管理离不开人，谈到人就涉及人的本性，但是，这确实是一个非常复杂的哲学问题。尽管有许多的专家和学者进行过深入的探讨，但是目前还没有一个理论得到广泛的认同，比较有代表性的有实践说、劳动说、工具说、语言说、意识说等。尽管人们对此意见不一，难以下结论，但多数论证都认为，主观能动性是人的一种主要特征。

人的主观能动性就是人的主体性和行为在现实生活中的反映。人不会像镜面那样消极被动地反映事物，相反，他在现实中积极主动地、能动地去了解、去改变它。人类的主观能动性，不仅体现在认识和改造客观事物上，而且表现在能够认识、锻炼、改造、实现自我，从而使自己认识和改造自己。这是一种只有人类才具有的主体性。毛泽东说："一切事情是要人做的，做就必须先根据客观事实，引出思想、道理、意见，提出计划、方针、政策、战略、战术，方能做得好。思想是主观的东西，做或行动是主观见之于客观的东西，都是人类特殊的能动性。这种能动性，我们名之曰'自觉的能动性'，是人之所以区别于物的特点。"人的主观能动性主要表现为人自觉性、目的性、创造性和现实性，人的主观能动性是人本管理运作机制的哲学基础。

2.需求是调动主观能动性的基本动力

以上所说的主观能动性，就是图书馆人员高素质的构成要素。然而，人的主观能动性并非随时随地、自然而然、无条件地发挥的，它需要调动，这也正是以人为本管理工作的核心。

人类的行为受动机的控制，而动机的生成源于需求。需求是一个人对内部和外部的要求，是一个人的心理和行为的最根本动因。需求往往是一种不满意的感觉和经验，它是人类活动的动力来源。人类的需求千差万别，高水平的需求会对人产生拉动力。

马斯洛的理论为调动人的主观能动性提供了方法。每个人和每个人的不同阶段需求都是不一样的。管理人员应做到以下几点：①了解：了解人们在各个时期的不同需求，以便有的放矢地发挥他们的积极性；②激励：每个人都有需求，但有些是强烈的，有些是微弱的，有些是明显的，有些则是深藏不露，所以要激励那些微弱或潜藏的需求，使每一个人都能达到自己所要达到的目标；③调节：人们追求的目标未必都是符合实际的，这就需要管理者根据现实情况来进行调节，超过现实所需的需求只会损害员工的工作热情。④帮助：管理者不但要向图书馆工作人员提出请求，还要为他们的工作创造有利的环境，并尽量给他们需要的帮助。

马斯洛的理论对我们有很大的启发作用，但也不能照搬照抄。正像马斯洛所说的那样，人类在一个较低层次的需求得到满足之后才能产生出更高层次的需求。但在漫长的历史中，总有一些饥寒志士却怀有忧国忧民之思。对于普通人来说，所需求的东西也并不是像马斯洛说得那么清晰。比如说，职称的评定，既可以说是一种物质上的需要，因为它与人的福利密切相关，也是一种尊重的需求，还可以说是一种自我实现的需求。此外，"自我实现"也不是人的需求达到了顶峰，因为职业生涯的成就不一定就是个人的完美，对个性完美的追求是人的终极需要，并且没有尽头。在实践中，要充分发挥人的主观能动性，不仅要做到理论上无"盲点"，而且要做到实践上"无死角"。人的本性就是永不满足，只有这样，人类才能不断发展、不断进步。

3.正确认识主观能动性

我们把主观能动性作为人本管理的哲学基础，这种主观能动性是以辩证法为核心的。我们强调人的主观意识对客观世界有巨大的反作用是以存在决定意识为前提的，切不可过分夸大意识的作用。

人的主观能动性的发挥受到客观条件的限制。一般地，人的主观能动性有两种性质和后果，一种是推动事物发展，一种是妨碍事物发展。如果人的主观意识能准确地反映客观事情和规律，并按照它的规律行事，就能促进事情的发展；相反，如果歪曲反映客观事物和规律，忽视了它的客观情况，违背了它的规律，就会产生负面的影响，阻碍事物的发展。所以，图书馆管理者要在调动人的主观能动性的同时，要引导图书馆员尊重客观规律，正确地发挥主观能动性。

（五）基于需求层次理论的图书馆激励机制是人本管理的基础

1.建立清晰的目标是建立图书馆奖励制度的先决条件

马斯洛需求层次理论认为，目标对人起诱导作用，明确的目标能对人产生激励作用，指导其前进方向。大家都知道，图书馆工作缺少内在竞争机制，而且每个特定的工作都是非常繁琐和枯燥的，图书馆人员在工作中很可能会出现工作上的自满、精神涣散、无所事事、混日子等现象，从而使他们失去工作的积极性，丧失前进的动力。在这个时候，图书馆领导就需要按照当前的情况和工作要求，制定出一段时间的具体工作目标，引导大家都努力完成工作目标心。而图书馆的组织目标的达成，更能激发员工的自豪感和自信，激发其工作积极性，从而形成同心同德、群策群力的良好态势。

2.满足馆员基本需求的基础——物质激励

在马斯洛的需求层次理论中，生理需求是最低层次的，也就是说，物质上的需求是最基础的需求，它虽然不能满足人们精神上的高级需求，但在当前的社会不是很发达，很多人的工资都不是很高的情况下其激励作用还是很有效的。经调研，图书馆工作人员对工作没有太大的归属感，感觉不像是一个组织的一分子，很多人对工作没有任何的热情，还有一些想要跳槽的念头。究其原因，最重要的是，长期以来，我国图书馆职工的许多基本生存需要，如工资、福利、住房等得不到很好的满足。为此，图书馆管理者必须以保障馆员的基本生理需求为前提，并采取相应的措施，提高其工资水平，改善其工作和居住环境；以充分激发图书馆工作人员的工作热情和主动性。当前，我国的图书馆职工的工资都是按照国家规定的标准来发放，而岗位津贴和奖金则由单位自主分配。图书馆可以按照工作人员的敬业精神、工作表现来进行分级，以激励馆员做出更多的贡献。图书馆在实施物质激励时，要坚持"按劳分配"的基本方针，要理顺绩效、目标和报酬三者之间的关系，以增强其吸引力。与此同时，要注重在一定程度上维持物质报酬的相对满意度，因为过度的激励会让被激励的人无所适从，而且对周围的人来说也是不可接受的，所以说过度的物质激励不仅仅起不到激发人的作用，反而会打击很多人的热情。

3.重视馆员潜能发挥的根本——精神激励

马斯洛的理论还指出，人的内在力量与动物的本能是不一样的，人类的本能需要自身的内在的价值和潜力得到实现，即自我实现。换句话说，在物质需求达到某种程度后，心理需求成为其他层面上的主要因素。因此，运用人的本能动机，使其潜能得到最大限度的开发，就成为了心理激励的基础。图书馆要积极鼓励员工参加管理活动，使其充分发挥民主权利。长期以来，在图书馆的管理工作中，工作人员处于一种受人驱使的状态，使其难以自主，只能被动地工作。其后果是，大量图书馆工作者由于不能参与管理而产生了一种消极情绪。根据上述需求层次理论，图书馆人员诸如尊重、自我实现、民主这些高层次的需求能否得到满足往往会对他们的工作热情产生很大影响。因此，领导干部要充分发挥民主精神，对员工尊重，对员工的各项合理需求和意见给予高度重视，在图书馆工作中积极调动和吸纳每一名图书馆员的合理建议，让他们在重要议题上发挥作用，这是对图书馆员的一种尊重。让每位图书馆员认识到自己在这个群体中所扮演的角色，进而提高他们的归属感和使命感，就会使他们更加积极主动地开展工作。

创造一个平等的竞争空间，让每个人才都能充分发挥自己的才能。通常情况下，图书馆员都会选择能够充分发挥自身潜能的工作，从而在工作中有所建树，实现自身的价值。然而，在实际工作中，由于图书馆缺少一套行之有效的管理制度，在招聘和任用时，不是看个人的能力，而是看领导的兴趣和人际关系，从而使很多有能力的员工不能在适合自己的岗位上建功立业，从而影响到他们的工作热情。目前，为了有效地开展竞争，图书馆应建立一套切实可行的考核体系和选聘机制，并能依据自身的实际需要合理设置岗位；同时，对各个职位实施动态的管理，确定他们的聘期（任期不应太久，通常为两年），并且按照公开、公平、公正的原则，选择合适的人选。图书馆人员希望通过平等的竞争，发挥自己的才能，从而使自己的工作积极性得到充分发挥。图书馆要建立内部竞争机制，健全人才培训体系，发掘员工内在发展动机，促进图书馆事业健康发展。马斯洛提出的"自我实现"是需求层次理论的终极目标，它需要员工认识到，传统的图书馆服务已远远无法适应社会发展的需要，知识经济的发展需要员工既是信息咨询员、知识导航员，又是网络中介员，是高层次的知识型人才，广大馆员只有激励自己不断地获取新知识、掌握新技能，通过自身素质能力的提高来实现自我价值，才能满足自我实现的需要。事实表明，外在刺激的作用会随着外在刺激的消失而难以持久，但是，内在刺激是持久存在的，如果人们的内在刺激持续存在，那么这种动力就不会消失。图书馆领导要重视员工的内在刺激，使外部刺激与内部刺激相结合，确保图书馆人员的工作热情得以持续。

发展图书馆的核心是培养人才。要实现图书馆的发展和改革，就需要建立健全人才培训体系，做到全面布局，科学规划。要将社会需求与图书馆培养目标、工作人员个人的价值相统一，合理地组织工作人员上学、进修或培训，扩大他们的知识面，使他们的知识层次得到最大限度的优化，使他们的综合能力得到全面提升；让他们开阔视野，发掘他们的潜能，从而让他们具有永续发展的动力。

二、运筹学在图书馆管理中的应用

运筹学指的是操作研究、作业研究、应用研究、战争研究，其名称是借用了《史记》"运筹策帷帐之中，决胜于千里之外"一语中的"运筹"二字，这不仅体现了其兵法渊源，而且表明在中国早已有了运筹学的雏形。

（一）运筹学基本理论

作为一种应用大量数学手段和逻辑判定的方法，运筹学对人、财、物的组织与经营进行了深入的探讨。作为软科学中的一门学科，它是系统工程学和现代管理科学的基础理论之一，是许多学科不可缺少的方法、手段和工具。

人们普遍相信，运筹学的研究始于第二次世界大战早期的作战行动，并于20世纪50年代之后被大量运用。对于系统配置机制、聚散机制、竞争机制等方面进行了较为全面的探讨与运用，并在此基础上建立了一系列较为完整的理论，如规划论、排队论、图论、对策论、库存论、决策论、网络技术等。

运筹学将很多典型问题都归纳为一个共同的数学模式，通过对其进行合理的解析，最后应用到此类问题中。它是对问题进行科学定量研究，并通过数学相关的理论，得出最佳的求解方法。

（二）图书馆资源共享的运筹学问题

运筹学是用来研究效率问题的。图书馆资源开发目的就是提高其利用效率。我们常常会看到邻近高校图书馆有着类似的藏书，因此它们既有某些供不应求的图书，又都有某些没有得到充分利用的图书。如果众图书馆能够将有限的经费用于建设一个有特色的图书体系，既能使图书的构成相互补充，又能彼此利用，那么就可以极大地提升彼此的工作效能，并能最大限度地发挥各自的作用。当前图书馆资源所以不能实现共享，最主要的原因就是各自都局限于自己的小系统，为了大家的利益，我们需要突破某些条条框框，建立合作关系，实现资源有效利用。

（三）排队论在图书馆管理中的应用

1.排队论的概念

排队论又称为随机服务系统理论，是运筹学的组成部分。排队论是研究请求服务的客体所产生的随机性聚散现象的理论，"聚"指的是客体的到来，而"散"指的是客体的离开。排队的一般特点为，有一个叫"顾客"的人或事物而在借阅的时候，"顾客"就是在等候借阅的读者；对"顾客"进行服务的人或事物称为"服务台"，而借阅过程中的"服务台"就是图书管理员，由顾客和服务台组成一个排队系统。若顾客已抵达服务设施就能获得服务。如果他们必须等待就需要排队，直至能够获得服务，获得服务后他就退出该体系。

2.排队模型

目前有 3 种排队模型（最简排队模型，单台-单相排队模型，多台-单相排队模型）。下面就最简易的排队模型进行探讨。用 X 代表顾客到来的速度，用 Y 表示服务的速度，如果这二者都不变，那么，有 3 种情形：① $Y > X$，那么，服务设施可以有 1-X/Y 的空闲时间。②如果 $Y < X$，那么顾客等待的时间就会越来越长。③ $Y = X$，顾客无需等待，并能最大限度地使用服务设施。

3.排队论在图书馆管理中的应用举例

一所学校的新校园，拥有 13000 名学生，每日来图书馆借阅的有 300 到 800 名学生，并采取了开架借阅的方式。设置 300 个借书板，每个学生只能拿一个借书板借阅，因此该图书馆的阅览数量上限为 300 位。每个学生在图书馆里的停留时间是 10 分钟，每日工作 7 个小时，图书馆每日借阅人数为 300×6×7=12600。也就是说，图书馆可以保证当天所有的读者同日到馆的情况，哪怕是在人流最多的时候，图书馆也能满足借阅服务。300 个借书板就是 300 个排队系统。每次停留 10 分钟相当于停留时间的分布，即服务速度。也就是说，这个图书馆平均每 10 分钟可以提供 300 个人的借阅服务。图书馆设有两个还书窗口，按平均每分钟接待 1 位读者计算，每天可供归还图书的人数为 2×1×60×7=840。尽管图书馆每天还书接待能力仅为借阅接待能力的 1/15，且读者到馆时间也经常很集中，但从读者到馆的速度 A=300/（60×7）~800/（60×7）和服务的速度（S=2）来看，S＞A，可以看出，图书馆服务设施还有 1- A/S 的闲置时间，因此，还图书设备和人力都是足够的。

本文介绍了图书馆应用运筹学的一个例子。事实上，运筹学的许多分支如动态规划统筹方法、存储理论、非线性规划等诸多理论都能应用到图书馆管理中，为决策者提供决策依据。

第二节　现代图书馆管理建设

一、现代图书馆管理的内涵

对概念的研究是各专业基本原理研究的一部分。中外学术界对图书馆管理概念的认识存在分歧。目前，国外学术界对图书馆管理的概念还没有一个清晰的界定，而国内学术界却对图书馆管理的概念给出了不同的定义。

我们都知道，构成一个判断的根本因素是概念，而推理与论证又是由判断组成的。因此，概念是思维形式的最基本单位。概念是人们对事物的理性认识。在广义上，概念有内涵与外延之分。概念的内涵就是概念所体现的事物的特性，即事物的性质。而概念的外延是指概念所包含的各种事物，它反映了概念量的方面。正是由于概念在基础理论研究方面的重要性，我国学者对图书馆管理分别给出了自己的定义。

黄宗忠认为，图书馆的管理就是通过规划、组织、指挥、协调、控制等各项工作，最大限度地利用人力、财力、物力资源，实现图书馆的任务的过程。

吴慰慈认为，图书馆管理就是对图书馆的文献资源、人力资源、财力资源、物质资源进行计划、决策、组织和领导，为达成图书馆目标而进行的一系列活动。

郭星寿指出，所谓图书馆管理，就是按照图书馆工作规律，按照管理工作的内容和程序，最大限度地发挥其社会职能的一种有组织的行为。

于鸣镝指出，图书馆管理是运用现代科学的理论和手段，遵循图书馆自身的内在规律，对图书馆的人力、物力、财力等进行合理的安排，使其充分利用，从而实现图书馆的既定目标的过程。

《图书馆管理学》是鲍林涛的一部重要著作，他在这部书中提出图书馆的科学化管理就是通过规划、组织和指挥等行动，按照图书馆发展规律和工作规律，充分利用图书馆的人力、财力和物质资源，以实现图书馆的目标，完成图书馆的任务。

潘寅生的《图书馆管理工作》一书认为，图书馆管理就是根据图书馆工作的客观规律进行规划、组织和协调活动，利用各种方式，对图书馆的各种资源进行合理的分配与利用，以实现预定的目标，以满足读者信息需求的一种活动。

倪波和苟昌荣认为，图书馆管理就是运用现代管理理论与方法，对图书馆的各项工作进行科学的安排，使其充分发挥其人力、物力的作用，实现其最大效能，实现其既定目标的过程。

原国家教委高教司《图书馆管理学教学大纲》提出，图书馆管理是根据图书馆发展的客观规律，按照管理工作的具体内容和步骤，合理配置和使用图书馆的资源，从而达到管理目标的活动。

通过对上述图书馆管理的论述，我们发现图书馆管理的概念由于各个研究者和机构所处的起点和视角的差异而形成了各自的观点，但它们的含义总体上是相同的，只是在管理的基础原则与方法、技术和手段等方面存在一些差异。所以，对图书馆相关管理概念之间的关系进行研究和认识，了解它们的含义是十分重要的。

二、现代图书馆管理的特点

图书馆管理是一种特定的社会性的实践活动，它是人们收集、整理和储存文献信息的一种管理活动。图书馆管理在具备客观性、能动性、历史性等一般社会实践活动共同特性的基础上，也有着自身的特色。

（一）综合性

管理是对企业和企业人员的工作规律进行研究，运用科学的管理手段来改进管理工作，充分激发员工的工作热情。其基本目标是以人为本，发现其活动的规律，并在一定程度上进行人、财、物等要素的合理配置，从而有效地提升企业内部工作的工作效能。而图书馆服务工作的主要对象是读者，以"以人为本"就是以读者为本，保持图书馆工作的常态发展，图书馆要做的工作就是处理好"人与环境"与"人与人"之间的关系。因此，从本质上讲，图书馆管理活动实质上是围绕管理与服务进行的，是各种综合的结果。

（二）理论性

图书馆管理是一种特殊的管理行为。实践中，可以参考管理学、图书馆学、情报学等基础学科一些杰出的研究成果，将其与图书馆的管理实践紧密结合，将其应用于管理实践，为我国的图书馆管理提供坚实的理论依据，从而促进我国图书馆事业的发展。

（三）科学性

从图书馆诞生之日起，人们就认识到利用各种途径对文献资源进行检索，从而方便其为读者所利用。因此，在我国图书馆建设中人们发现了多种方法来对文献资料进行整理与使用，并逐步成为我国图书馆的工作规范，一些已经上升成标准和法律。所以，图书馆的管理具有科学性。

（四）组织性

随着高校图书馆事业的发展，图书馆规模不断扩大，图书馆管理工作日趋繁杂。在管理活动中，需要投入更多的人力、物力和财力，各种因素相互交织，对图书馆管理的运行产生了一定的影响。因此，图书馆管理工作要有计划有目标地进行。

（五）动态性

管理活动本身就是在不断改变的环境下进行的。图书馆的管理要适应多样化的需要；要使文件资料格式发生变化，就要进行管理上的变革；随着时代的发展，图书馆的管理活动也要随之发生变化。因此，图书馆管理是一种随着服务对象、工作环境、社会环境等的变化而发生变化的活动。图书馆要与时俱进，不断调整各种对其发展的影响，方能与社会发展要求相一致，不至于被时代所抛弃。

（六）协调性

图书馆管理涉及各种管理行为。这些具体的管理行为将会对图书馆管理工作的正确、有序进行产生重要的影响。图书馆管理的目的在于实现与之相关的各类管理行为之间的关系达到和谐平衡，减少管理过程中的诸多弊端，减少内部摩擦，发挥其协同效应，实现人力资源与信息资源的最大化利用。

三、现代图书馆管理环境

图书馆管理环境是指能够直接或间接地对其管理活动产生影响的各种因素的总和。综合各方面来说，可以将其划分为内部环境和外部环境两大类。图书馆管理就是要把握各种因素的变动状况，并对其做出合理的决定。

（一）图书馆管理的外部环境

1.一般环境

一般环境是图书馆管理中的一种外在的环境，它在一定程度上对图书馆管理有一定的影响，但关联度并不高或者与之有间接关系。这些因素尽管没有任何的直接作用，在一定程度上会对图书馆的发展产生一定的影响。

（1）政治环境：其稳定是图书馆发展的根本条件，国家对图书馆的关注程度则关系到政府宏观调控政策的制定、财政的扶持以及图书馆的对外交流情况。

（2）经济环境：指的是包括社会经济结构、经济发展水平、体制和宏观经济方针等多个方面，它们是影响图书馆发展的外部经济因素。

（3）法律环境：是指与图书馆有关的社会和法律制度以及它的运作状况。随着各国政府对图书馆管理进行立法规范，为其健康发展奠定了坚实的保障和保障。我国还没有专门的图书馆法律，需要为此进行努力。

（4）科技环境：是指社会中的科技要素及与之有密切关系的各类社会现象的集合。图书馆的发展离不开科学技术的发展，因此，关注科学技术环境有利于图书馆的发展。

（5）社会文化环境：指一国或地区的人口、家族教育、传统习俗、伦理与价值观。这既关系到图书馆的数量，也关系到文献信息资源搜集和利用的方向，也关系到图书馆的发展目标。

2.特殊环境

特殊环境也称为"小情境"，是指能够直接影响图书馆目标实现的外部环境要素。相对于普通的环境因素，它们对图书馆的影响更为频繁和直接。

（1）读者或用户：即使用文献资料的群体，他们是图书馆服务的对象，是其存在的必要前提。

（2）资料来源：包括出版社、图书馆代理商、数据库的开发者和运营者。

他们关系到图书馆文献保藏水平和服务质量的高低。

（3）竞争者与合作者：互联网的发展给图书馆带来了极大的挑战，因此，图书馆应从网络信息服务的管理方式中汲取经验，并根据自己的发展战略定位进行相应的改革。与此同时，通过与互联网资讯机构的协作，开发具有自己特点的网上资讯服务，以推动图书馆事业的发展。

（4）业务主管部门：大部分图书馆由特定的机构来管理。与其进行良好的交流，是确保图书馆向预定方向迈进的一个重要因素。

上述种种环境要素共同组成了图书馆管理的外在条件。由于外在条件的复杂和不稳定性，使得图书馆的生存与发展必须时刻注意各种因素的变动，努力降低图书馆外在环境对其的不利影响。

（二）图书馆管理的内部环境

1.图书馆文化

图书馆文化是指处于一定经济、社会、文化背景下的图书馆在其发展历程中逐渐产生和发展出来的具有鲜明特色的价值观念，并构成其发展的行为行为规范、道德准则、团体意识、风俗习惯等。图书馆文化总体上可以划分成三个层级。①表层文化：指的是物质文化层，它包含馆舍、工作条件、工作设施等方面的内容。②中层文化：即制度文化层，是指对馆员和图书馆本身行为产生规范性和约束性影响的部分，包括工作制度、责任制度和其他特殊制度。它是图书馆物质文化和精神文化的中介。③内部文化：指精神文化层，它包含着各种行为准则、价值准则和职业道德，这些准则是用来引导图书馆进行读者服务工作的。

上述三种文化的结构层面是相互联系、相互依赖、相互影响、相互转换的，从而形成了一个文化的整体。它具有引导、凝聚、激励、渗入等功能。

2.图书馆的基础条件

即图书馆所拥有的各类资源的数量与质量情况，包括人员素质、文献资源储备、科研能力等。

这些因素和其他各种因素都会对图书馆目的的形成和实现产生重要的作用，也会对管理者的管理活动产生直接的影响。

四、图书馆管理的职能

图书馆是一个具有重要意义的社会组织，它在为人类的社会发展做出了重大的贡献。17世纪，德国的 G.W.莱布尼茨把图书馆称为人类的一部"百科全书"，或把其称为"人的精神宝库"。无论是古代，还是现代的科学家、文学家、思想家，只要他们能提出一些新的想法，并做出了一些有创意的工作，他们的成就都离不开对图书馆文献的全面使用。无论是历史上还是现代社会，图书馆都在推动着人类社会的发展与进步。而图书馆能够得到这样的高质量的肯定，是与图书馆管理职能的充分发挥分不开的。

图书馆管理职能是指管理在图书馆的业务、政务管理和职工日常管理过程中所发挥的作用，它是图书馆管理职能的具体落实和反映。

（一）决策职能

决策是行动的先导，是最重要的管理职能。从总体上看，这个职能是图书馆领导机关的只要职能。要最大限度地发挥图书馆的决策职能，就要做到管理的科学化、民主化，并建立完善的民主决策体系，加强信息的公开。

（二）计划职能

是图书馆各部门为完成其制定的行政政策目标，通过对总目标进行科学的划分和计算，并制定相应的政策、策略的过程。其内容主要有计划的制订、计划的实施、计划的检查与监督。它旨在通过有计划、有步骤、有方法地开展各种工作，消除管理工作中存在的负面影响。

（三）组织职能

它是企业管理的核心功能，目的就是使企业的经营决策与规划得以实施。组织职能主要内容是：对图书馆各种工作机构的设置、调整和有效运作，机构职责的适当分配、人员的选拔、调配、培训和考核，资金、固定资产和其他项目的有效使用，以及对工作实施有效的监督、检查和指导。

（四）协调职能

是指对图书馆行政部门、业务部门和所有工作人员各种关系的调控和改善，以便他们之间互相支持、密切配合、协调工作。现代化的图书馆管理是一种专业化协作的管理，如果没有协调，就无法实现共同的目标。所以，协调是图书馆管理活动中的一种职能。它的具体内容是协调行政机关、业务机关及其他组织之间的关系。

（五）控制职能

控制职能是指根据管理的要求，对计划实施情况进行修正，以保证项目的顺利实施。图书馆的控制职能在整个管理工作中具有重要的作用。要做好控制职能，就必须要做到：首先，建立起一套可量化的管理标准，以便进行有效地矫正；其次，检验并预测管理活动中的行为偏差，为后续的预防工作奠定基础；再次，通过相应的调控手段来调控图书馆管理活动流程，即判定管理行为偏差的性质与水平，并明确其影响的大小，查明问题的根源，并制订出相应的补救办法；最后，按照管理目标实施有效的监督，确保行政过程的正常发展和行政系统的有效运转。

总之，正确认识和发挥管理各方面、各阶段的功能和作用，使其相互协调，对实现图书馆高效管理有着重要意义。

第三节　图书馆管理的创新

管理创新是管理者运用新思想、新技术和新方法对其现有的资源进行重组，从而使整个管理体系的整体效能得到提升的过程。运用先进、科学的管理手段进行图书馆管理的变革，可以充分发挥图书馆为科研和教学服务的作用。图书馆管理创新首先应从观念创新、管理策略创新入手，其次是管理体制创新与企业文化创新。

一、管理创新概论

企业管理是一个动态的、不断创新的过程。图书馆要与时俱进，就必须坚持创新。20 世纪 30 年代，美国学者唐纳德·科尼把现代管理学思想引进到了图书馆的管理中。当前，传统的图书管理理念已无法适应广大读者对图书资料的多样化要求，许多图书馆都在进行各种管理上的探索和实践。

创新是当代社会发展的必然要求，而当代图书馆管理也处在不断变革之中。作为图书馆的管理者，要充分发挥图书馆在我国经济和社会迅速发展中的作用，就必须通过持续不断地进行管理创新，以适应时代发展的要求。

（一）创新的意义

1.创新是时代发展的鲜明特征

国家主席习近平说："在激烈的国际竞争中，唯创新者进，唯创新者强，唯创新者胜。"这一深刻的论述，既说出了创新的历史意义，也提出了创新的现实要求。创新这一概念的内涵与外延也在发生着变化，并伴随着时间的进步而不断地被注入新的内容。从社会的认识和需求来看，当前的各种创新形式包括：推动物质实体的创造或改革的物理上的创新与提出新的问题、新的方法的创新；设计某些新制度、体制、管理方式方法的制度创新与提出某些理论构思的理论创新；提出观察事物的新角度、新认识、新观点的认识创新；等等。

2.现代图书馆管理的本质在于创新

随着知识经济的到来，各种管理理念、管理制度、管理方法都会发生本质的变化。图书馆是知识和信息传播的场所。因此，在某种程度上，图书馆的管理创新就成为了现代图书馆管理的核心内容。

（1）管理创新是图书馆发展的原动力。在科技飞速发展、信息量剧增、市场剧变的时代，只有敏锐地察觉到、把握时机，迅速做出决定、迅速做出回应，才能赢得这场竞赛。通过对图书馆的管理创新，可以改变传统，改革工作流程，从而极大地提升图书馆的管理效率；能使图书馆以一种敏锐的洞察力，对将来的发展趋势、趋势和问题进行密切的观察，能够在做出大胆的决定时，具有先见之明，这样才能够与将来的发展需求相匹配。

（2）进行管理创新是迎接知识经济的挑战的外在需要。过去的图书馆的管理体系和管理方式都是从控制人的行为、防止人的失误开始的，但由于过于严格的规定，往往会扼杀一些新鲜事物的萌芽，使图书馆的经营变得死气沉沉。国内外管理理论研究表明，人才与科学技术决定着社会发展的竞争优势，而决定人才与科学技术优势唯有进行管理创新，所以进行管理创新是时代发展的要求。

（3）管理创新是我国深化图书馆体制改革的必然要求。在新的历史时期，现有的管理方式已经不能满足新的时代要求。为顺应时代发展潮流，有必要构建一种全新的管理运作机制。

3.领导者是图书馆管理创新的主体

管理创新始终是在以新理念、新措施、新方式等的作用，持续地进行着管理体系整体功能的优化，并在维持其最好效果的前提下，为管理创新提供了一个良好的导向。从当前的形势看来，图书馆要实现管理创新，必须要改变观念，即要重视开发人才，调动积极性，激发创造性，并通过建立健全管理机制，使人们不断地获得正确的、奋发向上的信息。

（1）创造意识是领导者创新的基础和前提。创造性思维是指人们在不断变化的客观环境中，通过对客观环境的认识而有意识地去实现自己的理想的愿望和理念。领导者就是引导、组织、协调者。在新的世纪，随着科技的飞速发展，拥有创造意识是现代人的基本素养。在这种时代环境下，图书馆领导应该具备很强的应变能力，能以决然的态度把握机遇，积极推动图书馆工作的改革和创新。这就是图书馆领导者与普通员工根本的区别。

（2）学习是领导干部创新的内部驱动力。图书馆领导者部要有深厚的文化基础与渊博的知识，这既是时代发展的需要，也是领导工作的客观要求。作为创新主体的领导者，他的整体素质既决定着个人形象的树立，也决定着他的工作能否成功。所以，领导者既要加强自身思想、政治、科技等方面修养，也有加强自身科技与人文素养。要沉下心来，努力建构一种与创新需求相符的、科学的、合乎逻辑的知识架构，需要勇于实践与探究，做到知与行的结合。

（3）一个良好的外部环境是领导者创新的外部推动力和基本保障：要营造一个环境，在这里，所有参与其中的人都在共同努力，为实现既定任务和目标而工作。所以，要想有效地开展管理创新，就必须营造良好的创新氛围。正像阳光、空气和水分之于植物的成长，管理创新同样要有良好的条件和养分，要鼓励人们打破陈规陋习，大胆创新，当领导者的要避免在管理创新出现失误或问题时就采取横加指责的态度，恰当的支持、激励、引导和保护是实现管理创新的重要手段。在场馆内外，要形成健康有序、宽松和谐、支持探索、鼓励创新的氛围，营造"百花齐放，百家争鸣"的良好风气。

（4）领导体制是培养领导者创新的催化剂。图书馆创新需要人才。在人才培养方面，要鼓励、扶持。当前，国内图书馆行业中存在着"论资排辈"现象，这制约着大量具有创造性的青年骨干人才的涌现。因此，图书馆要本着珍惜人才、以人才为本的理念，选择、培养、用好优秀人才，从物质和精神上给予创造性人才以更好的服务，让他们真切体会到自己的价值、崇高的地位和崇高的职责。

（二）创新的方式

管理是一种动态的、具有创造力的、能够高效地将组织的各种资源整合起来，从而达到组织所设定的目的和职责的过程。而管理创新，就是一种新的、更为高效的管理方式，它可以是一种全新的、能够高效地将各种资源进行整合，从而实现企业目标与职责的全过程管理，或者是对特定的资源进行集成的新的管理方式。通过对以上两个方面进行分析，我们可以发现，管理创新是在创造和掌握新的科学管理知识的基础上，积极地对外界环境进行调整，提升企业内部各个因素，从而实现内部变革与整合的过程。

1.建立适应图书馆发展的新理念及其相应的组织结构

新的发展理念对于图书馆的管理和其他各项工作都有着重要的借鉴作用，它必须保证图书馆的正常运作。

2.提出一种或一组新的管理方式方法

这是一个组织新的文化环境和新的精神面貌的开端。形成新的管理方式方法，可以促进图书馆的工作效能，也可以促进员工之间的互动，也可以促进图书馆各项资源的有效利用，从而实现图书馆的服务目标。

3.设计一种新的管理机制

新的管理机制是指在图书馆各项活动中实现各项活动规范，优质、高效地完成。这种管理机制对图书馆来说是一种全新的管理模式，因此也是一种管理创新。

4.进行一项制度创新

管理系统是高校图书馆综合服务活动的一种规范，它不仅体现在学校的行为准则上，还体现在员工的工作中。体制变迁将改变大学图书馆和工作人员的工作方式，从而促进资源的有效整合，从而推动大学图书馆的发展。所以，在企业经营中，体制的改革也是创新的一种。

二、图书馆思想、观念的创新

（一）管理观念、理念创新的重要性

管理理念创新是管理创新的先决条件。人的社会结构的变化，人与人的关系的改变，人的物质财富和精神财富的无限丰富，都应当从人的思想、理念创新的角度寻求根源。我国图书馆管理长期受"藏书楼"传统观念的影响，使我国的图书馆在经营理念上存在着重藏轻用、重书轻人、重内轻外的倾向。这种传统观念已经成为制约我国图书馆发展的重要因素。图书馆要生存、发展、创新，首先要进行观念上的转变，以满足图书馆创新与发展的需要。

图书馆管理理念应从根本上转变。在快速变革的社会背景下，作为一名好的图书馆管理者，应具有创造性，不拘泥于陈规，要适应知识经济时期的需要，根据图书馆发展的客观规律，制订合理的发展战略和经营方式。面对传统的管理机制，要勇于改革，善于改革，不断吸取教训，进行自我完善。不断进行变革将会带来真正的创新，从而使图书馆发生质的飞跃。

（二）管理观念、理念创新的原则

管理思想创新，就是要用新的、先进的管理观念来取代传统的管理观念，而要使管理观念发生变革，必须要把握好以下一些基本原则。

1.系统原则

也就是说，将整个图书馆工作看作是一个相互联系、相互补充的有机整体。系统原则就是以此为中心，对图书馆系统的人、财、物进行适当的配置，使之健康协调地运行，使之最大限度地发挥作用，从而达到预定的目标。

2.发展的原则

这就要求管理理念要随着社会的发展而发展，不断适应时代的要求。在时代发展的今天，我们必须改变以往封闭僵化的思想，树立全面创新意识。传统的管理理念符合了传统的管理模式，曾在某些方面发挥了积极的影响。但在知识经济时代，仅凭经验进行管理并不能使图书馆真正地发挥效益，或者说，这种传统的管理理念已成为制约其发展的瓶颈。因此，图书馆管理理念必须随着外部环境变化而发生改变，必须对新形势进行研究，总结新经验，以形成与外部条件相匹配的新的管理理念。

3.信息性原则

也就是说在新的形势下，要不断吸收新的内容，经常学习和消化新的知识。要抛弃封闭的传统观念，主动与外部交流，把图书馆工作逐渐纳入社会生活中。

4.效益性原则

就是要把社会效益和经济效益相统一起来。在计划经济时代，图书馆存在着"等、靠、要"思想。而在社会主义市场经济条件下，如何兼顾社会效益和经济效益，是当前迫切需要面对的问题。管理理念的创新，其终极目标在于提升经营效能，实现两者效益的有机结合。

5.竞赛性原则

竞争是市场经济的产物。在社会主义市场经济条件下，社会各领域都存在着激烈的竞争，因此，"优胜劣汰"的理念在图书馆同样适用。没有竞争，图书馆在市场经济的大背景下是很难生存和发展的。

（三）管理观念、理念创新的内容

1.在图书馆管理思想观念上的创新

图书馆要在 21 世纪实现发展，就要不断进行管理理念方面的创新。尽管图书馆管理的目标是确保这些信息资源得到有效利用，但是，在新的时代，图书馆管理不能再沿革过去的传统方法，而实现资源共享、共建是当前图书馆管理工作的一项重要内容。

（1）经营理念的转换要做到两个方面。①由一般建设到特色化建设转变。在互联网环境下，图书馆要跳出传统的"自给自足"的观念，从宏观的视角出发，以合作与共享为基本原则，强化自身资源建设。通过这种方式，可以有效地缓解长期资金不足的问题，而另一方面，也可以做到真正的共享。自我满足和创建百科全书式的资讯体系已经与时代要求相去甚远，唯有协作，方可提供单个的图书馆所无力支付的资源。②从"重拥有"到"重存取"转变。拥有是存取的前提和基础，没有拥有，也就没有了存取的条件。但在互联网发展的今天，图书馆应在重视资源特色构建的前提下，应更应突出图书馆的存取功能。因为，图书馆的工作实质上就是存取，也就是让读者可以得到有用的"信息"和"知识"。对于读者而言，他们并不关心这些信息是如何获取的。21世纪，大部分的文献将会按需求进行电子化或纸质化，而一个图书馆的馆藏将会被限定为可访问性，而非拥有性。

（2）以人为本是现代管理的一个新理念：美国罗森帕斯旅游公司总裁罗森帕斯创建了一种新的"顾客第一"的经营管理法则。把以人为本理念引入图书馆，并在此基础上，提出"员工第一，读者第一"的新理念。从图书馆服务意识差，服务态度亟须改善等几个角度来分析，强调读者第一仍然有现实意义。从管理员工的层面来看，要从改善员工服务品质、提升员工的工作积极性、注重员工的思想等方面来着手，要从根本上改善员工的工作状态，必须从人员的分配体制上着手。

"能本管理"是一种以能力为本的管理，它是以人为本发展的新阶段。它能够充分发挥人才的作用，使人的价值得到最大程度的体现，这种能力成为组织发展的驱动力，进而帮助组织实现发展目标。将这一理念应用于图书馆，能为图书馆人事工作开拓新视野。

2.在图书馆发展的途径上创新

走内部合作、外部联盟的可持续发展道路。当前，图书馆正面对着两大挑战。一是随着互联网技术的快速发展，电子图书馆对传统的图书馆构成了严峻的威胁；二是 21 世纪，信息化进程加快，信息服务行业将会是最受欢迎的行业，将有更多人员加入这个行业。因此，在 21 世纪，作为信息服务业一环的图书馆将面临更为激烈的竞争。我们相信，尽管传统图书馆与其他信息服务组织共存的发展趋势是毋庸置疑的，然而，我们也应该认识到，在大多数图书馆业务被其他信息服务业所替代，而原有的图书馆职能和功能却没有任何新的发展的时候，那就是被人忘记的时候。这就像是中国古代的藏书楼被图书馆所取代一样。所以，面临新的挑战和机遇，我们要转变思维方式，树立竞争与协作意识，突破以往各自为政的图书馆运营模式，将图书馆作为一个总体来看待，统筹规划，突破馆际固有的边界，在办馆模式上从单独办馆向馆际合作、网络一体化方向转变，将已分化的各种图书馆予以综合和整体化，实现跨部门、跨地区的协作。所以，在这种情况下，图书馆界应该加强联系、协作，走内外协作、合作共赢之路。

三、图书馆战略的创新

近几年，许多国家都十分关注图书馆战略的制定与实施。战略是对组织的发展做出决策。该决策确立了组织的任务，制定了组织的宗旨和执行策略，并在此基础上确定了其工作方向。而战略管理则是一种以顺应外界环境的改变而达到预定战略目的的一系列战略规划和行动。由于我国图书馆在战略上趋向于单纯地制定目标，而忽略了策略的实施与管理。因此，我们要在战略上进行革新，重点是强调科技发展战略、战略思维等。

（一）重视高科技发展战略

在工业化时期，的图书馆主要是以传统的方式为读者提供大量信息，馆藏数量成为衡量图书馆质量的一个主要标志，因而出现了"重藏轻用、重书轻人"的观念。在知识经济时代，图书馆属于信息化组织。在信息化时代，图书馆受到各信息组织的激烈竞争。信息技术革命和以计算机、通信网络技术为核心的一批高科技的运用，使信息的获取途径和方式得到了很大的发展，各种机构、机构和咨询公司的涌现，为图书馆的发展带来了巨大危机，同时也降低了读者对传统图书馆的依赖。而以上条件也将给图书馆提供许多发展机遇。在这种形势下，图书馆要善于把握形势，统筹全局，从长远考虑，以更好地应对未来的各种挑战。在制定发展战略中，图书馆应当把高技术发展纳入到战略制定和规划中。

（二）战略逻辑创新

战略逻辑是在制定策略时运用何种逻辑性的思维方式。图书馆能够随着外部和内部环境的不断改变而适应各种读者需求，其中最重要的一个因素就是拥有创造性的、富有战略性的逻辑思考能力。它们可以依据自身的发展特征和来制定相应的策略。管理者要有敏锐的洞察力，要勇于挑战。管理者可以从图书馆运作的问题中找出当前策略中的缺陷和失误，并在不断改进来达到创新的目的。战略创新追求的是不断更新战略思维模式，不断在新的思维模式下进行制定全新的策略，以便能够快速地根据不断改变的情况，为用户提供优质服务来满足其需要。

（三）战略创新的原则

1.先进性原则

作为服务产业，一个图书馆要想在市场中获得发展，就必须要一定程度上满足读者的信息需要，并且要超过社会信息平均水平才能实现发展。这意味着，图书馆入门的标准是社会信息平均水平，并非本身的水平。虽然在实施战略过程中，图书馆在满足用户需求上取得了很大的进展，但是如果不能达到平均水平，那么它就会被淘汰。与此同时，由于激烈的竞争，我们的平均水平也一直在进步。因此，图书馆战略管理中所制定的战略目标必须包含比平均水平更加先进的内容。

2.环境适应的原则

图书馆的战略管理强调图书馆与外界的相互作用，以适应、利用和改变环境为目标。要不断地监视国内外环境的动态变化，发现自身的长处和短处，并在其所面临的机遇与危险面前，理清两者的联系，制定相应的战略规划。

3.全程管理的原则

要想图书馆战略取得成功，就必须将战略的制定、实施、检查、提升（在管理学上一般称为 PDCA）作为一个整体流程进行管理。如果忽略这些步骤，就无法实现有效的战略。具体地说就是，不管多么好的战略方案，如果它不能被执行，它就毫无价值。企业战略的实施必须经过实际的检验，才能够认识到图书馆管理的问题，而不当的管理战略不但无法有效地改善图书馆的运营状况，反而会带来严重的危害。光找到问题或者只是提出一些批评并不能完全消除问题，需要提出新的有效的对策。总之，只有实行了整个流程，管理才能实现所期望的效果。

4.整体优化的原则

成功的图书馆战略管理是把图书馆作为一个完整的系统来进行管理，从而达到整个系统的最佳状态。它通过宗旨、目标、重点和策略来使各部门协调工作，并形成一个整体。尤其需要指出的是，这样的最佳化应当是主动的。面对一个部门发展落后，不能需要其他部门降低水平去适应，而是要主动地进行资源的重新配置，从而达到整体上的优化。

5.全员参与原则

图书馆的战略管理既要由高级管理者做出决策，又要靠全体馆员的共同努力。图书馆战略的制订与决策主要是由高级管理者负责，而这些分析与决策都有赖于中层管理人员的信息输入以及基层馆员提出的合理意见。图书馆的战略目标一经确立，其执行的关键在于所有馆员的理解、支持和全身心地奉献。

6.反馈修正原则

图书馆实行战略管理，其目标是寻求稳定和健康发展，其发展周期通常为五年或更长。整体的策略策划往往包含一套具体和可操作性的中短期行动方案。但它的执行并不是一蹴而就的，任何一个变化都会对图书馆的策略产生不利的影响。因此，必须持续追踪与回馈，以保证图书馆策略的适用性。在一定程度上，评估和控制现有的图书馆策略经营，是新一轮的战略管理的开始。

四、图书馆管理组织机制的创新

管理机制创新是以自动控制为基础，重新规划和重构图书馆管理活动的运作模式。机制创新的关键在于实现以自动化为中心，合理应用信息化技术，在自动化的条件下构建新的图书馆管理机制。在自动化条件下，图书馆的管理机制与传统人工操作方式有很大的区别，人工操作方式的主要特点是将实物资料当作加工目标，人工操作所产生的管理方式已无法适应自动化的发展要求。因此，为了更好地实现数字化和信息化的应用，图书馆必须建立一种全新的运作模式，以实现信息化建设的需要。

（一）图书馆管理机制的创新

高校图书馆的管理机制分为内外两种形式。在网络化条件下，实现图书馆的管理机制创新，就是对图书馆的内外机制进行重组。

1.图书馆外部机制重组

在计算机网络化的条件下，图书馆应从物质流的管理转变为以信息流的管理，从面向内部资源管理为面向外部信息管理扩大职能范围，从而占据信息环境的领导地位。可以采用下列四个步骤。①以自动化为先导，开展信息化政策的研究和开发，组织、激励、支持和统筹各种社会信息化工作，把图书馆作为各种社会信息化的支撑力量，主动参加改革，持续健全资讯保障系统，并逐步成长为一支重要的中坚力量。运用信息化技术积极开发信息市场，增加图书馆在信息市场的比重，提高网络资源的承载能力。②加强对信息使用者的调查与培训，充分利用自动信息技术的优势，不断扩充使用者种类与数目，以确保图书馆在资讯使用者中处于中心地位。③在网络环境下，对信息流进行集中管理和物质流分散的管理，并根据信息共享的特性，提出一种集中管理、共建共享的方法。各大图书馆签订契约，并互相配合。④与信息技术革新部门共同努力，使自动化技术持续发展。在实现现代科技的过程中，图书馆应突破"馆"的固有观念，与各有关部门保持密切的协作，实现自身的发展。

2.图书馆内部机制重组

在自动化、网络化背景下，图书馆应以以读者为本的现实问题为核心，打破传统的线性经营过程和以信息系统为基础的封闭式的管理体制，实现以自动控制为核心的管理模式；整合固定部门、跨部门灵活的组织结构，能够迅速响应和处理使用者的实际问题，并能迅速响应使用者的需要，从使用自己的资料向读者提供服务的方式向使用各种自动化技术和手段和广泛的信息资源向读者提供服务。图书馆要从让读者走进图书馆向馆员走出图书馆、走进用户、走进各种信息设备和信息体系转变，使馆员投入更多的智慧和精力到更具挑战性、吸引力的信息服务工作中。以自动化为核心，重构新型业务模型，依据客户的需要，建立基于客户要求的信息业务的管理体系，突破线性业务流程，形成独立的、自成体系的、具有独立功能的计算机网络与控制体系。目前，我国的图书馆拥有大量的文献资料，但由于缺乏有效的使用，因此，内部机制重组应从挖掘和利用的角度出发，加强对其进行整合和使用，依据使用者的需要，对各种不同的资讯资源进行适当的组合与深度处理，使之形成一个井然有序、目标明确的资讯系统。以市场为基础，以开放性、动态性为特点，提供全方位、高质量的资讯服务业，树立崭新的市场观念，遵循市场规律，将市场与经济有机统一，形成新的业务模式，做好科研与市场之间的媒介与桥梁；加快技术成果的转换，促进产、学、研一体化，实现效益。

（二）图书馆组织机制创新

1.创建扁平化组织结构

在我国图书馆管理体制改革中存在许多问题。传统图书馆金字塔形官僚层次结构是机械的、刚性的、永久性的结构，无法满足不断变化的技术与管理需求，因此，在网络化信息时代，图书馆的组织形式呈现出一种动态的联合。因此，为使图书馆组织行为能够充分反映出其生命力，能够有效地化解权力与权力之间的冲突，就必须使其组织形态朝着扁平化、虚拟化和网络化方向发展。

图书馆组织的重构要遵循特定的程序。首先要按照当前的职能划分出不同的工作层次，再进行相应的工作；其次，要对各部门进行重组，将功能相近、联系密切的部分进行整合，同时根据新增的业务增加一个新的部门；再次，要处理的是权限关系及其授权程度，并在员工中设置适当的沟通渠道和协商渠道；最后，结合图书馆的信息交流、技术特点、经营策略、管理制度、组织规模以及外部环境的改变，对组织进行适当的调整。

　　2.实施图书馆组织联盟

　　由于资金有限，一所图书馆不可能拥有全部实物和非实物资料。建立图书馆组织联盟，能促进图书馆已有的资源的充分利用。现在许多地方都在实行图书馆组织联盟。图书馆组织联盟的目标是整合各个机构的长处，使其能够适时地降低成本、降低风险，使企业的整体利益链条得以最大限度地发挥其作用，使其对外界的变化做出迅速的反应。比如，在采购过程中，图书馆间可以按照不同专业的需求统筹计划，合理采购；传统的文献采购可以采用集中计划，实现规模效益，以防止重复采购。在数字资源的获取上，可以利用互联网技术建立一个联合区域网，以实现数字资源和数据库资源的分享，节约了大量资金。目前，我国的图书馆制度与机构体系将影响图书馆组织联盟的运作，因此，要建立一个有效的、具有现实意义的图书馆组织同盟，就必须从制度和机构上进行改革。

五、图书馆文化的创新

　　图书馆文化来源于文化理论在图书馆管理中的应用。它体现了团队精神、行为准则在本机构的领导地位。从 20 世纪开始，我国传统图书馆一直在不断地进行着变化。新技术的发展对图书馆的作用更加全面，包括工作方式、服务方式和组织形式，因此，我国图书馆也在不断地进行着适应与变化。今天的人类社会已经进入了一个知识经济的时代。知识社会要求的是一个全面的知识创造系统。在当前的新形势下，图书馆的创造性文化建设具有十分重要的意义。现代图书馆既要以新的理念顺应变革，又要以新的理念来实现变革，从而使之在新的变革中起到积极的作用。唯有如此，方能在激烈的市场竞争中获得持续的优势和成功。

（一）建立团队文化

在网络技术的背景下，企业文化应积极吸纳其他文化因素，以建构合理、优秀的文化。以往的图书馆管理观念受到传统的"金字塔"式的影响，导致了领导权威高于一切，职能部门只管自己的事情，部门之间不配合、不团结的现象。受此层次的影响，势必导致不精简、不灵活、不公平。缺乏创造力和士气低落的结果是，他们不可能赢得更多的读者。团队精神主要体现在以下方面：①拥有相同的战略与目标：员工对组织的共同战略与目标有着清晰的理解；②相互信任和尊重：团队成员的技能相互补充，为实现组织的目标而工作。成员互相信任、互相学习，每个人都有自己的职责，并享有自己的发展权利。③建立良好的知识分享环境：团队提倡发展，坦诚交流，开放交流，分享知识。④自我控制：领导对集体工作给予完全的信赖和尊敬，小组以自我治理为主，在政策制定上更加民主，倡导参与性，重视个体的能力。

（二）倡导学习型组织

美国著名管理学家、麻省理工学院教授彼特·圣吉于 1990 发表了《第五项修炼——学习型组织的艺术与务实》，引发了一股建立学习型组织的热潮。美国的几家大公司，如福特汽车公司，通用电气公司，都在大力发展学习型组织。在加入 WTO 和世界经济一体化背景下，国内大型企业也都在大力发展学习型组织，以适应国际市场发展的需要。学习型组织已经是一个企业做好知识管理工作、提升自身竞争能力的必要前提。如何有效地激发组织创新和创建学习型组织已经是当今现代管理的两个重要课题。

1.学习型组织

关于学习型组织的概念，存在着如下一些不同的看法。①圣吉相信，在一个学习型组织中，成员必须学习。由于学习已成为学习型组织生命中一个重要的组成部分，因此，一个学习组织就是一个能够持续提高自己创造性的群体。②学习型组织是一种具有自身哲学的组织。在应对变革、复杂和不确定性等问题上，该系统具有自己独特的预测手段。③学习性组织是指一支可以根据新的资讯需求，调整资讯加工与评估计划、方式的团体。④学习性组织是建立在知识和信息的基础上实施目标管理的机构，成员们可以自我学习、自我发展、自我管理。总之，学习型组织是一种有机的、高度柔性的、扁平的、贯穿于整个机构的、充满了学习氛围的、能够充分利用其创造力的组织。该组织能够不断地进行学习，其整体表现超过个体表现的总和。

2.学习型组织的特征

组织的集体愿望来自于个体愿望，但又个体愿望。这是一个组织内全体成员的共同理念，它能够确保全体职工团结一致，实现企业的共同目标。

学习型组织最基本的特点就是要有持久的学习能力。持久的学习能力有四个方面的意思。①"终身学习"。指在一个组织内所有成员都有终身学习的行为，从而在企业内创造一个良好的学习氛围。②"全员学习"。即组织的决策层、管理层和操作层都要全身心投入学习，特别是在组织的决策层，他们是一个关键的群体，他们将会影响组织的发展和未来，因此他们更应该去学习。③注重"全程学习"。也就是说，要把学习贯穿于整个组织体系的运作中。④强调"团体学习"。是指组织既注重个体智慧发展，又注重团队协作和集体智慧的培养。

学习型组织能够在一定程度上维持自身的学习能力，在发展过程中克服各种阻碍，并在一定程度上打破自身的限制，实现自身的可持续发展；它有助于人员之间的交流、沟通、共享知识。

（三）培育"以人为本"的文化

当前，图书馆之所以能够生存与发展，主要是因为它能够适应读者对知识和信息的客观需要。而图书馆的生存取决于广大图书馆人的不懈努力。所以，人是图书馆生存与发展的动力与支撑。

图书馆秉持"以人为本"的价值观，实施"以人为本"的管理模式，需要一定的文化支持。一个具有普遍价值观的图书馆可以把最大程度地关心自己的管理人员和读者。图书馆管理者在实现自身价值的同时，也会更加忠诚于图书馆的整体发展和今后的发展。它不仅使广大的读者得到了优质的服务，而且还会增强他们的归属感，从而使其在公共环境中树立起更好的社会形象。读者满意是"以人为本"在图书馆的具体表现，也是推动我国图书馆发展的重要力量。因此，在图书馆各项服务工作中，必须切实确立读者至上的观念，做到公平、公正地为读者服务，读者也可以更好地使用和获得各类资料，享有同等的服务。图书馆是以文献资料为工作对象，以读者为服务对象。读者是构成图书馆的一个基本因素，而读者工作又是其生存与发展的基础。印度图书馆学者阮冈纳赞提出了"五条图书馆法"，其前四条都是以"读者服务"为核心，突出了"以读者为本"的服务思想和人文精神。所以，在图书馆服务中，要以这样的服务观念来为读者服务，在阅读环境、开放时间、借阅方式、书架设置、信息产品供给等方面为广大读者"倾情"服务。

"以人为本"还应当从对图书馆人员的关爱中得到反映，特别是要营造一个有利于组织和个体发展的良好的工作环境，让馆员感到受到尊敬，从而实现自身的价值；这样才能在图书馆工作的同时，能够实现自己的价值。

六、图书馆管理创新实践

新技术的迅猛发展为我国图书馆提供了空前的机遇与挑战。图书馆要适应新的发展，必须进行积极的变革。在我国图书馆事业单位的改革与发展中，管理的改革是重中之重。

（一）调整内部机构，强化服务职能

随着图书馆的不断发展，各大图书馆不断进行组织结构的优化和人员的优化，以保证各项工作的顺利进行。

其实施办法包括采编合一、藏阅合一等，将各职能单位进行整合重组，将基层单位和个人进行裁减，强化服务的单位和人员；按照图书馆的服务特点及发展需求，增加新的业务部门。

长期以来，后勤成为图书馆的负担，是制约图书馆发展的重要因素。将后勤从图书馆业务和行政机构中分离出来是图书馆管理改革的重要举措。当前，在国内部分图书馆实行后勤企业化管理，将管理和服务分开，走服务社会化、管理企业化的路子，组建精干的管理机构，代替馆方履行管理职能；

设立后勤服务中心，不定行政层级，实行企业化管理。目前，北大图书馆的物流管理工作正朝着后勤企业化的目标迈进，北大图书馆已聘请校外企业提供后勤服务，由保安公司派人负责保安服务，卫生工作由清洁公司负责，这样不仅节约人力，而且确保了服务的品质。

（二）改革人事分配制度，建立激励机制

实行干部任用体制改革，由职务管理向岗位管理转变。一是实行员工聘用制度定岗定责定酬，人员竞争上岗，责任、权力、利益统一；二是减少全工，增加临时工。从外国图书馆管理实际情况看，馆员人数在图书馆工作中所占据的比重很低，因此，图书馆应该多采用临时员工来完成总体的服务工作，这可以减少馆员人数，降低馆员的工资。一些高校图书馆为了缓解人员短缺，从广大的读者群中招募志愿者，收到良好的结果。

（三）修订规章制度，实施新的管理办法

图书馆的规章制度反映了图书馆的管理水平。对规章制度的适时修改，一方面是顺应时代发展的要求，纠正一些不合常理的规章制度，针对新情况新问题做出新的规定，以保证其持续改进，维护其合理性和可操作性；同时也是以体制改革为突破口，引入新的方式和措施，保证系统的科学、新颖。我国现行图书馆管理制度大多是在20世纪八九十年代初期制定的，既不能满足新时代的需求，也不能满足广大读者的需求。要对图书藏书的封闭借阅、阅览室师生分开等进行调整，以适应不断发展的需求，并保持其新颖性、适应性的特点。

十多年来，我国高校图书馆的工作内容与方法取得了长足的进步。目前，我国大部分图书馆都在进行管理变革，它突破了以往局部开放的管理模式，实现了全开放的借阅；打破书库与阅览室分开的管理模式，实行藏阅一体化管理；突破图书样品与图书发行图书的区别，建立样品数据库；突破单一的图书资料收集与整理方式，结合实际，实行图书与期刊整合等。尤其是在新形势下，新问题层出不穷，需要制定新的规章制度，才能不断适应形势发展需要。当前，自动化给高校图书馆管理带来了巨大的影响，随着高校图书馆的不断升级，其管理方式也需要不断进行创新。清华大学图书馆以现代化方式对其进行了体制创新。很多高校图书馆根据自动化管理的需要修订了制度，使其具有了科学性和可操作性。

高校图书馆要加强管理和服务，引入国外先进管理方式与经验是高校图书馆发展的一种有效手段。各高校图书馆要通过系统更新作为管理变革的工具，引入新的手段和措施，以调动各方的积极性；要实行制度化管理，保持制度的科学性、新颖性。

（四）图书馆自动化以评促建

随着我国图书馆首次评价工作的开展，各省份纷纷开展了第二轮评估工作，这次评估对自动评估工作给予了高度重视。

为贯彻《中共中央办公厅、国务院办公厅关于加快构建现代公共文化服务体系的意见》的精神，以评促建、以评促管、以评促用，推动我国图书馆事业的发展，按照四年一次的国家县级以上公共图书馆评估定级工作的要求，文化部在 2017 年开展了第六次全国县级以上公共图书馆评估定级工作。本次评估采用线上数据审核、实地评估和第三方评估相结合的方式。在线资料的收集主要采用手工提交及平台的自动升级。在第六次评估定级有一些变化。①评估主体方面：既有国家评估，也有第三方评估，它是一种整合性的评估，是由政府与社会团体共同评估，是政府转移职能的一次尝试。②评估方式方面：从人工评估到无纸评估，全部过程都是在线进行的。③评估导向方面：以效能为主导，尽管指标中也会包含一些保障性指标、建设性指标，但重点是绩效性指标、效能性指标，目前更多的是以服务为主。④从结果评估过渡到流程评估。⑤评估除基本分数之外，也有加分项，以激励创新。

（五）采用业务管理新模式

图书预订历来是图书采购的主要方式，但由于图书市场竞争激烈，图书广告与实际存在巨大差异，使得图书订购不再具有应有的作用。这给图书馆的访问增加了困难和迷茫。因此，高校图书馆要更加注重科学性。从 20 世纪

70 年代起，自动配书成为图书馆馆藏建设的新模式。在图书馆服务工作中，采用现代化的设施、新的经营方式，既能提高服务的品质，又能为广大读者提供便利，最大限度地发挥图书馆资源的效用。

（六）全面提高队伍素质，开发人力资源

近年来，一些高校图书馆改革以往对馆员学历和职称的要求偏低的现状，积极选择具有较高学历的馆员担任馆员，或者选择具有专业水平的专家教授、博士生导师担任馆员。有些高校聘请了中国科学院的专家担任图书馆馆员。提高高校图书馆馆员的任职资格会在一定程度上提升高校图书馆的地位。

（七）大学图书馆系统的建立

我国高校图书馆长期以来一直面临着规模小、管理分散、资源短缺和资源消耗共存的问题。

高校的整合是高校图书馆制度建设的一个重要方面，首先要解决的问题就是如何实行中心化的总馆制和协同合作的模式。当前，高校实行"证件通用"（各校区借书证统一或借书证通用）。另外，各个图书馆之间要保证馆际的数据流通，必须保证软件的一致性和系统的及时更新。由于体制改革，高校的办学规模不断扩张，高校从原来的一院一馆向现在的多校区多馆方向发展，高校图书馆也从单一的图书馆向图书馆系统转变。

（八）图书馆建筑与数字化并驾齐驱

由于传统的图书馆建设存在着很多缺陷，无法满足现代化的管理与服务。比如，由于图书馆存在书架分离、空间狭小、层高不一等情况，对图书馆的综合利用和组织结构的优化造成了很大的困难。扩大馆舍可减轻馆舍面积和馆藏数量剧增的问题。20 世纪 90 年代以后，图书馆规模扩大，既要兼顾建筑规模、藏书容量，又要兼顾藏书一体化模式、学校环境和"三统一"（统一入网，统一层高，统一荷载）的要求，并考虑到网络、自动化、消防和监控系统，利用现代技术对现代图书馆进行管理。

（九）多种模式办馆，向社会开放

长期以来，高校图书馆自主管理，面向的是学校的师生，图书馆资源中的文献信息资源、设备环境资源、人力技术资源等资源无法为其他高校所共享、为整个社会所使用。一方面是单独设馆，很难招揽外部资本；另一方面，由于存在着人力物力不足的问题。虽然部分地方高校已开展了多项协作，例如向读者提供有偿服务、试行通用阅览许可证等，但目前仍存在着图书馆封闭管理和服务模式封闭的问题。

联合办馆能实现传统的封闭型办馆模式向开放型办馆模式的转变。高校图书馆可以与企业、事业单位、政府联合办图书馆，这种新型的图书馆管理方式将突破原有的思维方式，推动高校图书馆走向社会。面向公众的开放，既是由于社会和经济的发展推动了大众对文化、知识、信息的需求，也是在科教兴国、高教改革背景下，高校应为社会提供必要的智力支持的要求。本文认为，高校图书馆应积极推行校园内外一体化的信息服务，从面向校内向既面向校内校外转变，实施"一馆两制"的运作模式。这为高校图书馆进行社会化服务提供了可能性。

第三章　现代图书馆数字化建设与管理

第一节　图书馆自动化系统的建设与管理

随着计算机技术和互联网技术的迅速发展，人们的日常生活和工作都受到了极大的影响，传统的人工工作正在被电脑所取代。美国议会图书馆在 1960 年代出版了 MARC 型的书目数据，这标志着图书馆已经步入了自动化的历程。经过 40 余年的发展，图书馆自动化系统从单一的模块化、功能化的系统发展到如今的网络化、数字化的图书馆信息系统，具有综合各种资源的功能。

一、图书馆自动化系统建设发展概况

国外图书馆自动化系统始于 1954 年，当时，美国海军兵器中心（NOTS）开始使用 IBM 701 型计算机进行单位字比对。1958 年 IBM 完成了一项著名的自动抽词实验，并在自动分类、自动标引、信息检索等方面开辟了一条新的道路。1964 年美国国会图书馆（（Library of Congress，LC）发起研制机读目录后，图书馆的自动管理才得以发展。尤其在 20 世纪 70 年代，基于目录体系的各类自动管理体系逐渐成形，比如华盛顿州立大学的图书收购体系。70 年代末至 80 年代初，图书馆自动化系统从一个功能单一的体系转变为一个综合的体系。90 年代中后期，是国外图书馆自动系统快速发展阶段。在互联网不断发展的今天，各大图书馆自动化设备制造商纷纷采用新的技术来实现对自动控制的支撑。

（一）国外图书馆自动化系统的主要趋势分析

目前，国内图书馆相比国外图书馆在自动化水平方面还有很大差距。本文从国外几大图书馆的自动控制体系的特征入手，分析其发展方向。

1.基于 UNIX 标准，采用了一种支持各种公共平台的高级架构

该架构确保了系统的灵活性，并且可以在多个硬件平台上进行大量业务的计算，使系统在未来的工作中能更加高效地运行，从而实现系统规模的进一步扩充。

2.采用大型数据库，提供全文检索和元搜索（Metasearch）功能

元检索方式也受到了图书馆自动化系统厂商的关注。通过 Z39.50、LHTML 分析等技术，使用者只要输入一次搜索单词，元搜索引擎（Metasearch Engine）就会将该搜索词发送到多个不同的信息源，并对不同的内容进行分类，最终得出一个经过重新排序的结果。

3.以 Web OPAC 为中心，构筑信息门户

"信息门户"是当前图书馆建设的方向。以前 OPAC 只为图书馆提供文献检索服务，或者提供一些外部的数字资源链接，它在图书馆自动管理中只担负边缘角色。但是，在互联网的不断发展下，OPAC 已经从图书馆自动化系统的边缘产品变成了系统的核心。由于采用了"Z39.50""馆际互借"（ISO 10160）和流通（NS）等技术，实现了互操作，很多图书馆自动设备制造商都把业务集中到 OPAC 平台，构建了一个"信息门户"。

4.为数字化资源的采集、处理和使用提供数字内容管理平台

除了文献目录以外，图书馆还需要面对各种类型的信息资料。为使这些图像、视频以及其他的多媒体信息得以有效地管理，图书馆自动化系统厂商在自动控制系统基础上，研制并建立起新型的电子信息管理平台。

5.为实现系统互操作提供开放链接和无线路径

现在，越来越多的图书馆意识到，在这一转变中，链接是一个中心环节。很多图书馆都建立了以期刊为纽带的链接数据库，借此可以了解图书馆期刊存刊状况、期刊的站点，并能了解期刊文摘、论文的全部内容。由于互联网技术的飞速发展，使得人们利用移动网络可以在任何时间、任何地点访问到

所需要的数据。

二、我国图书馆自动化建设发展概况

我国的图书馆自动化始于 20 世纪 70 年代中期，系统的研发始于 80 年代初期，到 90 年代中期，我国图书馆自动化系统的研发到了一个高峰时期。当时推出了国内较有影响的几个大型自动化系统，并提出了"第三代图书馆自动化系统"的概念，提高了图书馆的工作效率和服务水平。

在我国有一定影响力的大型图书馆自动化系统包括图书馆自动化集成系统、文献管理集成系统、丹诚图书馆管理系统、汇文文献信息服务系统、通用图书馆集成系统、金盘图书馆集成管理系统、"文津"图书馆综合管理系统等。这些系统主要有采访、编目、典藏、流通、期刊、系统管理、在线文献查询（OPAL）、Z39.50 系统模组等八大模块。

从那以后，我国的图书馆自动化系统处在一个比较平淡的阶段，从理论到技术都没有取得重大的进展。还有一些专家认为我国图书馆自动化体系已处于顶峰，再无进一步发展空间。随着计算机、通讯、互联网等技术的飞速发展，很多图书馆的自动化管理系统已经无法满足目前的工作需要。因此，国内外图书馆自动化系统制造商基于"第三代图书馆自动化系统"理念，对图书馆的自动化系统进行了一定程度的优化和扩展。

在我国三大体系（高校、科研机构和公共）图书馆中，高校图书馆在图书馆自动化方面发展最快。从总体上说，高校图书馆和科研机构图书馆的自动化系统应用是目前我国图书馆发展的主要方向，其自动化水平反映了整个国家图书馆信息化程度。当前，我国公共图书馆信息化程度相对较低，区域间也存在着明显的差距，在经济发达地区的区、县级以上的图书馆已经实现了自动化管理，而在一些经济欠发达地区仍然处于手工操作阶段。

通过对国内图书馆自动化应用现状的剖析，可以很轻易地看到在应用中存在的地域特征。产生这一地域特征其原因主要存在两个方面：①在引入图书馆自动化系统时，各高校会到同地区的高校去考察，以获得实际应用的体验；②同一区域的图书馆会选用相同的自动化系统，以便在区域范围内开展联合工作和共享服务。基于这种情况，采用相同的自动化系统将成为未来图书馆的一大发展方向。

在技术发展的今天，无论是高校图书馆、科研机构图书馆，或是公共图书馆，最初引入的图书馆自动化系统都会因为技术和经济条件的限制，而无法适应当前的技术和时代要求，具体表现在：①现有的文献管理系统无法适应日益多元化的图书资料（如光盘、多媒体资源等）的需求。②当前的图书馆自动化系统主要侧重于文献检索，而用户需求主要集中于以信息为主，在这一点上自动化系统还需要进一步完善。③随着信息技术的不断发展，图书馆的自动化需要实现对资源和业务的集成，以及提供与外界资源的 API（服务接口）的连接。另外，图书馆的自动控制技术也因其本身的问题而被迫进行改造。

三、图书馆自动化建设的发展趋势

（一）加强与完善自动化系统的功能

为了更好地为读者提供信息服务，图书馆自动化系统应适应用户需求的改变而改变，以达到更好地为读者服务的目的。因此，国内图书馆管理工作需要进一步强化和改进。首先，要强化图书资料的采集、编目、流通、访问、参考咨询、公共查询、在线检索等方面的管理；其次，要提高数据的自动查询功能，利用自建的资料库并与国内外的数据库系统自由联机或购买数据库开展相关资讯查询服务。

（二）加强共享性较强的数据库建设

图书馆自动化系统在提高计算机网络结构的同时，还需要进一步完善数据库，大力发展索引型、文摘型、事实型和全文型的数据库。应注重数据库规范性、兼容性、通用性等方面的要求，采用技术手段确保数据的完整性，实现数据库的共享。目前大部分的软件都有无法跨越的困难，所以根据图书馆的发展需要，新一代的数据库不应再走一次开发的路子，而应该从数据库基层开始做起，使产品真正满足新时代图书馆联网需求。

（三）加强新一代图书馆自动化系统的开发

1.技术问题的处理

图书馆自动化系统开发的技术路线是影响图书馆界日后发展的首要问题之一。要开发出适合网络发展需求的新一代图书馆自动化系统，首先要解决技术问题，可从两点考虑：①如何合理地利用现有的各种自动化技术，对图书信息资源进行有效的集成和管理。②通过政府的协调和引导，与各大软件开发商共同制定开发与推广方案，克服各种技术难题，为国内图书馆自动化提供正确的技术路线。

2. 系统发展中人力资源问题

当前在图书馆领域具有发展新系统实力的人数有限，但是可以借鉴以前的系统开发的成功案例，突破图书行业人才难以流动的现象，向国内招聘优秀的软件开发人员或以高薪引进人才，在原有基本功能的前提下，研制新一代的图书馆计算机系统。如果组织合理，是可以在短时间内达到开发目标的。

（四）加大图书馆自动化系统网络化的进程

国内图书馆界使用的大部分自动化设备都是"复制"常规的工作过程，或者死板地模仿手工工作流程，而在开发自动化系统的过程中，大部分的软件都是根据图书馆工作人员建议，再将它们转换成计算机的自动运行方式，它不能完全地发挥计算机的作用，不能称之为自动化，而是通过计算机来实现对一些工作过程的自动管理。信息化将会是未来的发展趋势。在信息化时代，图书馆的各项工作将逐渐走向网络化、智能化、自动化，服务手段和内容多元化，以及管理协同化。因此，必须打破传统的限制，采用面向互联网的自动化系统，实现数字化。不同类型的图书馆可以在网上结成联盟，在资源共享的基础上进行各类信息服务，为广大的读者提供更加全面、系统化的服务。

1.在不同的图书馆界面上建立网络互联

数字化和网络化是当前信息化社会发展的必然要求。为了实现图书馆与网络的连接，需要解决多个接的技术问题，包括 Z39.50 在线访问接口、HTML 超文本接口、系统与各种关联数据库接口、多媒体信息处理接口、全文数据库接口等。

2.共享图书馆信息资源

通过区域内联网，实现网上合作编目、采访协调、馆际互借、网上查询等，使区域内的信息资源得以交流。在读者方面，网上阅读和查阅资料的实现，也为广大读者打开了一条便捷、快速地与外界沟通的渠道。具体的工作有以下几个方面。

（1）实现 UNIX 数据资源共享：读者可用主题、分类号、标题进行检索；读者可对中国书库、期刊库、国际标准书号、采购库等文献资源库进行检索得到相关的文献资料。

（2）充分运用国外的数据资源：在国内外进行大规模的数据资源的查询可以使用户更加全面地感受到知识的浩瀚，并能够获得更多的资料，从而更好地发挥图书馆工作的价值。

（3）图书馆的网页服务：将图书馆简介、规则、资源配置、开放时间、服务指南、最新消息等在线发布；此外，还可以在网上建立图书情报资源，提供图书选修课程或将其纳入推荐选修课。

图书馆实现自动化和网络化将是新时期图书馆发展的必然趋势。

第二节　数字图书馆的建设与管理

一、数字图书馆概念

20 世纪 90 年代初，计算机技术、网络技术和信息存储技术的迅猛发展，使得数字图书馆突破了技术壁垒，在信息服务中占有一席之地。美国是全球数字图书馆发展最受关注的国家之一，它的"数字化图书馆先锋"项目一、二阶段的成功，为美国和全球的数字化图书馆事业带来了巨大的促进。同时，数字图书馆的发展也在如火如荼地进行着，相关的计划、项目和课题也在不断涌现，在网络上能够找到的数字图书馆项目和课题数以百计。每个项目的组织单位从不同的视角出发，对数字图书馆的发展和内涵进行分析，从而使得数字图书馆的概念界定与发展模式具有跨国界、跨行业、跨学科的丰富内涵。

数字化图书馆是一个正在发生着巨大变革的新兴领域，其科学、完整、被广泛接受的概念还有待进一步的研究。

中国数字化图书馆工程提出：数字图书馆是采用现代高新技术所支持的数字信息资源系统，它是现代化科技支撑的数字化信息资源体系下的，以超大规模、易于使用的、无时间和空间约束的"知识库"，是未来新一代网络信息资源的一种经营方式。

美国图书馆界对数字化图书馆的内涵进行了再一次的论述："数字化图书馆并不只是一个电子文献的收集和处理，它还应该包括信息、数据和知识在创造和发布、利用、存储等生命过程中的一切行为。

美国国家科技基金会是这样界定的：数字图书馆就是一系列信息资源，以及相关的、将这些资源组织起来的技术手段，它是涵盖了现有分布式网络中所有数字媒体类型的存储与检索系统。

无论是哪一种概念，都表明了数字化资源、网络化访问、分布化的数字化资源是数字化图书馆三大基础。数字化图书馆是 21 世纪高技术研究的集合体，是互联网时代的重要资源，是一个国家乃至全世界的数字信息平台和知识中心。

二、数字图书馆具有的特征

与传统图书馆相比，数字化图书馆具有更大的发展空间和更强的服务能力。

（一）信息资源数字化

数字化图书馆的数据资源采用二元代码格式，以"0""1"为单位构成了数据源，是一种以计算机技术为基础的数字化多媒体信息资源。数字图书馆有别于一般的图书馆，其基本特点是信息资源的数字化。

（二）馆藏虚拟化

数字化图书馆打破了以往的物理和时间局限，由计算机、服务器等设备组成一组电子设备在网上展开工作，构成了一个虚拟的馆室，而数字化的图书馆则构成了一种独特的"信息空间"，使用者可以在不同时间、不同地点利用这种信息服务。

数字化图书馆的信息化建设是以互联网为基础的，它利用计算机技术和现代化的通信技术，为广大读者提供便捷、公开、快捷的信息服务。利用网络远程网络，使用者可以方便地查阅到电子图书馆所需的资料。

（三）信息服务个性化

在互联网时代，随着人们对信息和服务方式的个性化要求越来越高，以信息化基础的数字图书馆提供个性化的信息服务已是其职责所在，个性化定制和个性化推送功能是提高数字图书馆竞争能力的重要途径。

（四）信息利用共享化

数字图书馆信息资源和传输方式的网络化使其实现了信息的共享性和开放性，这种共享性和开放性是以前任何一种图书馆都不能相比的，具有跨地区、跨行业、跨国界等特征。

（五）信息提供知识化

当前，数字化图书馆正在致力于从文献服务转向知识服务。知识服务系统以知识单元为单位，以动态、分散的形式，实现了对信息的实时传递；而元数据、自动标引、内容检索、知识发现和组织技术将是未来数字化图书馆发展的核心技术。

三、成功的数字图书馆信息服务模式

数字化图书馆在构建中逐步体现出与使用者的需要相联系的特点，通过对其进行分析和设计，以达到对其需求的预期，从而构建出与之相适应的信息业务模型。目前的数字图书馆的信息化服务方式是基于使用者的需要，运用数字化资源及技术开展有效的、不同层次的、多种类型的集成化、个性化信息服务，由此逐渐形成了一个能够有效地利用信息、提炼知识、进行决策分析和解决问题的平台。

（一）数字图书馆信息服务模式对传统服务模式的创新、发展和突破

从图书馆学的理论视角来看，图书馆不管是以什么样的方式存在，它都具有收集、管理和传播文献的基础功能。所以，从原理上讲，数字图书馆仅仅是对信息收集、处理和存储方式进行了变革，这种模式使传统图书馆的业务功能得到了进一步的扩展和完善，但它的根本功能和服务目标却没有发生变化。大英图书馆认为，数字化信息服务将补充而不是替代传统信息服务。因此，数字图书馆的信息化模式是以最大限度地满足读者的需要为目标的，是对传统的服务模式的创新、发展和突破。

（二）成功的数字图书馆的信息服务模式是以用户为中心的集成化信息服务

经过十多年的发展，数字图书馆从注重基础设施、全面数字化资源的构建发展到"以人为本"的阶段。目前，数字图书馆已发展成为一家集各种智能科技于一身、整合各种资讯资源、致力于为用户提供综合资讯资源的服务机构。数字化图书馆综合信息业务是将各种不同的服务模式和分散式的信息资源整合在一起，以满足特定的专业和用户群体的需要，从而实现"一站式"的个性化的信息服务。所以，与传统图书馆和其他门户网站相比，数字图书馆的主要特点在于它是以用户为导向的综合性、多元化的服务模式。

基于满足个性化信息服务，个性化的资讯服务逐渐在数字图书馆中占据主流。随着互联网时代的到来，人们对信息的要求越来越个性化，信息服务方式也发生了很大的改变。数字图书馆个性化信息服务的基础就是集成信息服务，它能够满足读者多元化的信息服务需求。因此，所以个性化信息服务是数字图书馆集成信息服务的深化与发展。

总之，成功的数字图书馆信息服务模式是以客户为中心的数字化信息服务体系，它所提供的信息服务具有智能化、知识化、集成化、个性化等特点。

四、我国数字图书馆的发展趋势定位

当前，全球数字图书馆研究与发展由于国情、国力等原因，在研究重心、发展趋势等各有侧重。业界专家杨佩超将当前的数字化图书馆分为技术主导型、资源主导型和服务主导型三种。

技术主导型是指数字图书馆其基础架构以资源的建立、获取、存储、组织、检索与发布为主要目标。美国国家数字图书馆先导研究计划第一期和第二期是其代表。

资源主导型以"美国记忆"项目和纽约国立大学图书馆的"历史档案"项目为典型，它是以"资源化"为目标，利用某种技术实现网上检索、网上浏览、网上下载等服务。

服务导向型的服务模式是整合各类文献信息数据库、系统服务和资源导航服务，将个性化定制、个性化推荐等先进服务方式相融合，其主要特征是深层的文献、信息、知识服务，往往是传统图书馆向数字图书馆转型期的必然选择。美国康奈尔大学数字图书馆、加利福尼亚数字图书馆项目、大英数字图书馆项目就是其中的典型。

目前，技术导向型数字图书馆建设主要由 IT 界承担。而国内信息化起步相对滞后，数字图书馆建设的主力军是图书馆和信息服务机构。因此，我国以技术为导向的数字图书馆的发展是不合适的，而以资源为导向的数字图书馆更符合我国的实际情况。然而，随着技术的发展和改进使得信息的数字化变得越来越容易，使用者已不仅仅满足于获取海量的信息，他们渴望得到全面的帮助，因此基于技术型与资源型的数字图书馆应该是今后的发展趋势。

五、数字图书馆的知识产权保护

数字图书馆是利用互联网为读者提供信息服务，并在一定的使用者群体中实现资源的分享。数字图书馆具有数据量大、检索速度快、查询自由的优势，用户可以随时随地通过互联网获得所需要的资料，从而扩大了图书馆的服务范围。数字化图书馆资源的数字化、网络化、资源共享化等特点必然会引起馆藏文献的载体形式发生变化、传播领域扩大，从而影响到版权所有者的知识产权，从而使得数字图书馆的发展受版权法律的诸多制约。

（一）数据库建设与使用中的著作权问题

数据库是数字图书馆的核心，它可以划分成两大类：购买数据库和自建数据库。

1.购买数据库

其涉及的著作权问题已由数据库出版商解决，所以在采购时应与数据库出版商订立使用合约，其中包含用户定义条款、使用方式条款、保密条款、技术支持条款等。如果严格遵循上述条款，就不会有任何的侵权行为。在合同中，尤其要注意的是用户定义条款和保密条款，这涉及数据库的合法使用者群体（使用区域）和技术机密，是最有可能出现侵权行为的环节。

2.自建数据库

自建数据库指的是图书馆利用文献资料和其他资料，利用数字技术自行建立数据库，主要有书目数据库、文摘数据库和全文数据库。书目数据库在开发过程中基本上是没有版权问题的，但是版权人的人身权利应该得到充分的保护。

（二）图书馆信息服务工作中的著作权问题

1.咨询服务存在的侵权危险

其侵权风险的关键在于是否确定了咨询者的权利范围以及是否收取了费用。向未经授权的用户群体提供咨询服务超过了图书馆作品的利用范畴，侵犯了版权人的版权。在提供有报酬的咨询时侵权危险会大幅上升。另外，在经常对作品内容进行节选和引用时，若不能在任何时候严格依照著作权法标明作品来源，也会对著作权人的人身权利和出版权产生损害。

2.馆际互借服务中的侵权危险

馆际互借是图书馆实现信息资源共享的一种主要方式，其主要是通过传真、电子邮件和扫描等方式进行信息交换。按照版权法的规定，在馆际互借中，著作作品的非法传递是有限度、受管制的。实际上，国内的馆际互借还没有形成统一的标准，缺乏对版权使用的认识，也没有充分认识到版权的问题。因此，目前许多外国文献和数据库出版商在与我国的图书馆订立采购合约时都会对馆际间的互借行为加以限定。所以，在进行馆际互借时，必须加强对借阅行为的防范，明确借阅对象的意图。对于以个人研究为目的的借阅者可以定义为"正当利用"，但要谨慎地把握费用，以保证此项服务无营利色彩；而对商家或行业的使用者则要收取一定比例的版税补偿给权利人。

3.数字视听服务的侵权危险

各数字图书馆均设有视频点播、音乐在线、艺术欣赏等功能，并利用该平台的搜索引擎免费提供或免费下载。尽管在本地网络中的使用与下载都限制在局域网内，而且也仅限于图书馆用户，但是从原理上来说，只要是局域网用户都可以访问和下载，这就存在侵犯著作权风险。另外，由于电子阅览室开展的有偿音像制品的拷贝服务、光盘刻录服务等，其侵权风险也较高。

4.联机检索服务的侵权危险

图书馆通过向数据库服务商、电子出版物查询机构等所提供的数据库资料进行收费或免费查询服务，这样的行为会对资讯提供商的权益造成伤害，也会对数据库的所有权造成侵害。将以往检索的成果汇总到文献中，其实就是对原有的作品进行改编，从而有侵犯版权人的著作编制权和版权保护的风险。所以，在网上查询和数据库建设中，要尽量不利用其他数据库内容，要对其进行单纯性编排，并建立自己特色的资料库。另外，版权保护的风险也存在于采购盗版复制品等方面。

（三）数字图书馆著作权保护与防范机制

尽管版权是一种私有权，但是版权法在制定时也要顾及大众对其知情权的需求，因此对私权进行了一些合理的限定。图书馆是公共利益的代言人，应当在维护版权的前提下，充分行使其公众传播权，依法建立规避侵权的防范机制，以保障图书馆的健康、持续发展。

1.技术保障措施

指著作权人为了有效地控制、防止或阻止别人未经授权访问、接触作品或利用作品而采取的技术保护措施。根据 TPM 的作用，分为控制访问或接触作品的技术措施和控制使用作品的技术措施两种。数字图书馆能够通过技术手段保障数据库无法复制、下载，从而实现对知识产权的有效保护。

由于人们对知识产权的重视，为了避免潜在的侵权行为，数字图书馆纷纷采用技术手段来防范风险。其中包括访问控制技术、密钥管理、数字水印技术、VPN 技术、防火墙技术等。这几种防护技术和方法效果良好。

2."合理使用权"的充分运用

合理利用权是著作权法为了保护公民享有的知识产权而制定的一项法律规约。根据合法用途原则，合法地利用别人著作权的著作，无需经过著作权所有者许可，也无需支付报酬，但是，对作家作品的版权应当予以尊重。在数字化图书馆的建设与应用中，应注意运用"合理使用权"条款。

3.对"法定许可"的运用

法定许可是一项合法的授权，在一定的方法和条件下，可以在没有版权人同意的情况下，以一定的形式来利用版权的作品，但需要向版权人支付一定的报酬，并在合适的地方写上作者姓名和作品出处。图书馆是公共权益的象征，各国家的版权法律都规定了图书馆使用的合理性条款，但是由于数字化图书馆线性化、共享化、海量化等特性，难以在实践中有效地实现数字化著作的使用。所以，仅仅依靠法定许可条款难以保障不产生侵权行为。但是，在法律授权上，图书馆仍然拥有相当的灵活性，就目前而言，相关组织分别做出规定，就数字化条件下的法定许可做适当的延伸，以保障数字图书馆与知识产权的协调发展。

第三节　图书馆特色数据库的建设与管理

一、我国图书馆特色数据库建设的现状

在国内，数据库的建立经历了 40 多年的发展历程，大致可以划分为 3 个时期：第一个时期（1975—1979），主要是引进、学习和借鉴国外数据库的相关理论；第二个时期是中文数据库的开发（1980—1993）。1991 年，国内已建成各类大小数据库 806 个；第三个时期是成熟、实用和快速发展的时期（1993 年至今），它以 1993 年 2 月国内首个专业数据库公司——万方数据公司的成立为标志。

（一）高校图书馆特色数据库建设情况

中国高校图书馆文献保障体系（CALIS）于 1999 年 7 月成立了 CALIS 的专题资料库及导航库建设项目组。CALIS 特色数据库建设一期有 24 个会员单位，总共 25 个"特色库"。CALIS 二期全国高校专题特色库从 2003 年 9 月开始，到 2005 年 12 月通过验收和评估，已形成不少于 50 项中国特色、地方特色、高等教育特色和资源特色，为高等院校的教学和经济建设提供方便实用、技术先进的专题文献库。在这些项目中，大约 10% 的主题图书馆成为了代表性的成果，在资源内涵和技术设计上起到了示范作用。通过验收的特色专题数据库不仅为全国各大院校提供服务，而且还为国民经济建设提供服务，并产生了一定的社会和经济利益。

20 世纪 90 年代末，国家"211 工程"高校图书馆也在建设具有鲜明的特点的资料库。我国大学图书馆的特点是要紧密结合学校的专业特点，突出学科特色和地域特点之外的其他主题。其中 CALIS 的特色数据库建设工程已批准了 100 多个，并在 CALIS 的统筹安排下进行。目前，国内各大学图书馆在建立特色资料库时，主要依据 CALIS 的特色建立了相应的资料库。

（二）公共图书馆特色数据库建设情况

在图书馆数字化、信息化发展背景下，图书馆的数字化建设也得到了进一步的发展。首先，在特色资源的构建上，以地域特色为主导；其次是专题数据库的建设，具有专科特色的数据库很少。但是在全国范围内，数据库中数据量 4 万条以上的仅占总数的 10.5%，而且东西部公共图书馆特色数据库建设存在着巨大差距，这种差距不是特色资源分布方面的差距造成的，而主要在于特色数据库建设方面投资的差距。

（三）科学院所图书馆特色数据库建设情况

中国科学院图书馆、中科院武汉图书馆、中科院上海图书馆、中科院资源环境科学信息中心（中科院兰州图书馆）等科研机构拥有 32 个特色数据库，其中有 27 个特色数据库是科学研究方面的专题，占总数据量的 84.3%。

二、目前我国图书馆特色数据库建设存在的主要问题

（一）数据库建设条块分割、各自为政

高校图书馆系统、公共图书馆系统、科学技术系统，是国内图书馆系统的主要组成部分。由于各部门的隶属和管理制度不尽相同，而且政府也没有对其进行全面的宏观管理，没有一个权威部门来统筹各个体系的数据库建设，数据库建设呈现条块分割、各自为战的特征，造成数据库结构单一、规模小、专业狭窄、标准不一致。目前，国图书馆数据库建设"单打独斗"的局面已成为制约我国资料库行业发展的瓶颈。但是，在互联网日益流行和技术日趋完善的今天，三大系统中的信息资源共享已经是当前信息化的发展方向。

（二）数据库建设的标准不统一

图书馆数据库建设的标准化、规范化是实现图书馆信息资源共建共享的前提条件。数据库建设的标准化主要表现为两个方面：数据库管理系统的标准化和数据库数据著录的标准化。由于国内缺少一个统一的信息资源建设管

理组织，各个图书馆数据库建设都是各自为政、自由发展，在标准化和规范化方面处于比较混乱的状态，各系统有各自的标准。在数据库系统标准化的过程中，主要体现在以数据库为基础的标引系统、检索系统和操作系统等的多种多样。由于资料的标引、分编、检索点的选择没有一个统一的规范，导致了数据库不兼容，互用性不强，数据处理不完整、不准确、不规范，影响了对数据库资源的共享，使其不能发挥出应有的功能。

（三）知识产权保护相关法规亟待完善

随着我国文献信息资源的数字化，知识产权问题是当前图书馆数字库建设的热点。一方面，文献信息资源的数字化开发凝聚了广大的人力、物力、财力、技术力量，是一项需要依法加以保障的技术成果；同时，被收录入数字库中的原作品著作人的权利也应该受到法律的保障。但实际上，因缺乏对企业的知识产权的保护，以及相关的法律规定的不完善，导致了一些与此相关的侵权或法律争端时有发生。因为数据库常以电子化的方式存在，其与计算机软件类似，容易被复制、套录和篡改甚至非授权使用，造成数据库开发者的利益受到损害，进而影响他们开发数据库的积极性。

要实现知识产权的保护，需要从法律、管理、技术 3 个层面来思考并加以完善。要提高对知识产权保护的认识，健全相应的法律和法规，在遵守现行的法律规定的基础上，实现对著作权的合理保护。

要尽快从运营和技术两个方面出发建立公正和实用的运营模式和技术平台是当前我国文献信息资源数字化必须解决的难题。

在现有的图书馆管理系统中，要从图书馆管理与技术两个方面出发建立公平和实用的运行模式和技术平台，这是当前我国文献信息资源数字化必须解决的难题。

（四）特色数据库的共建共享有待进一步改善

国际资讯资源分享是资讯全球化的主要表现，而国内文献资源的共建共享则是实现全球信息资源共享的条件。在这一领域，我们已经取得了丰硕成果。"中国高等教育文献保障体系"（CALIS）是我国高等教育系统文献信息资源共享模式的典范。"全国文化信息资源共享工程"建立了国家中心、省级分中心、基层中心组成的"文化信息资源"网络，为广大群众提供文化信息服务。同时，在北京，上海，广州等较为发达的城市，大学的图书馆也建立了一个文献信息资源共享网络。当前，我国已经建立起公共图书馆、高校图书馆、科研机构图书馆三大系统三足鼎立的文献信息资源共建共享的格局，所有这些无疑对全国图书馆数据库建设起到了巨大的推动作用，但三大系统资源建设各自为政的局面又阻碍了信息资源的共建共享。

（五）具有特色的商情数据库的建设较少

在对三大图书馆特色数据库进行调研后发现，公共图书馆、高校图书馆和科研院所图书馆分别以地方特色、学科特色和科研专题特色构建特色资源库，其中公共图书馆地方特色资源的比重达到 63.2%，特色商情数据库占比 8.6%；高校图书馆特色资源库中学科特色数据库占比达 54.4%，特色商情数据库占比 4.9%；科研院所图书馆所建的特色数据库中，科学研究专题特色数据库占比 84.3%，没有开展特色商情数据库建设。根据《中国数据库大全》，我国特色商情数据库只占 0.2%，这与我国图书馆文献信息中心的地位是不符的，也与我国的市场经济发展不相称。

（六）自产自用数据库产品缺乏市场开拓

对三大系统的特色资源库进行了调研，发现有 70%的专有资源只有馆域网和局域网使用，不能在外部网络上查询；另外，目前我国的数据库还处在初级发展的时期，市场观念、数据库的开发等方面都存在不足，对数据库的开发重视不够，在这种情况下，只有投入而没有任何收益，这对数据库的开发是不利的。

三、我国图书馆特色数据库建设的对策

（一）加强国家宏观调控和行业协调

当前国内图书馆从总体上看，存在条块分割、各自为政的状况，国家要

制定统一的政策、目标和发展规划，从总体思路、实施方案等方面，打破各系统、各部门条块分割、相互封闭的模式，对整个系统和各相关部门进行全面的控制，并逐渐形成一个协同建库的管理体系。而在行业内部，应该成立一个发展协调委员会，负责协调特色数据库的审批、验收、监督，保证系统的兼容性、可靠性和安全性。在这一点上，高校图书馆系统建立的 CALIS 系统居于领先地位。另外，要成立统一的"中国数字资源发展协调委员会"来统筹各个系统特色数字库建设，促进知识产权问题的合理处理，促进中外馆藏特色库资源的共建和共享。

（二）加强图书馆特色数据库建设的合作

1.合作建库的优势

通过各系统图书馆、同一系统图书馆、不同地区、不同领域图书馆之间的协作，统一策划、协同发展、协同建设，可以在信息和技术上互通有无、资源共享；在人力、物力、财力等方面各取所需，发挥各自的优势，共同努力建设图书馆特色数据库。同时，合作建库加强了各个方面的联系，扩大了机构与人员的沟通，有利于构建特色馆藏，实现信息资源的合理调配与可持续发展，这样既能彻底扭转传统的"大而全""小而全"的弊端，又能防止重复建库，使得各专业的建设相对完善，为资源的分享提供有利的环境。

2.合作建库的原则

与其他国际合作一样，图书馆的合作特别是国际合作，应坚持平等互惠、优势互补的基本理念，并坚持"统筹规划"的原则。只有如此，合作者的利益才不会受到影响，合作也会更加顺畅。

3 合作建库的方式

合作建库的途径与方式有很多种，有机构之间、系统之间、地区之间，各国可以依据各自的资源建设的实际状况选择合适的合作方式。其具体形式为：①文库资料交换；②人事协作；③共同创办期刊；④专案协作；⑤通过技术实现特色资源共享。

4.合作建库的运作模式

目前，我国特色数据库的构建主要有 3 种运行方式。一是政府出资，用户对数字资源的使用是完全自由的。这个方法起步快，见效快，但是需要投入大量的资金。二是商业化运作。由公司出资，用户付费查阅信息资源；三是以国家投资为主，以部分商品化运作为辅。

实践证明，采取政府的宏观调控，主管部门统一组织，多部门分工合作的模式，有助于加快建立具有代表性的特色数据库，它一方面有利于克服建设过程中分散、低质、规模小的特点；另一方面，可以弥补资源的缺失，使得各专业的建设更加完善，从而促进特色的数据库的发展。各部门和单位要按照馆藏特色、学科重点和地方经济发展需求，选定适宜的建藏对象，在全国统筹下，有计划、有步骤地建设具有专业特色和地方特色的特色数据库。

5.加强图书馆特色数据库建设的质量控制

质量控制分为前期、中期、晚期 3 个阶段。项目的前期质量控制，包括选题、软件的选型与选择过程的控制，保障决策的科学化和民主化。科学的政策就是要在事前运用需求分析、读者调研、系统分析、专家评价等方式，做出科学决策。在发展计划正式执行之前，要先征求上级部门的意见。

由上级组织人员对项目可行性和开发价值进行评议，从而对专题文献库的建设规模及总体品质进行严格的监控。中期质量控制主要是数据库建设的标准化、人力资源使用的合理化以及管理的科学化。图书馆特色数据库的建设必须构建数字化加工、资源描述、资源组织等方面的标准和规范，以确保它的易用性、互操作性和可持续性。因此，标准与规范建设是图书馆特色数据库建设高效、经济、可持续的根本保证。

6.合理解决知识产权问题

目前，国内数据库建设正在蓬勃发展，但在建设的同时，也存在着大量的版权问题。尽管我国于 1998 年 2 月建立了中国版权中心，但其团体管理机构仅限于受其成员之委托，代为行使相关之权利。从世界各国的实践来看，如果不对版权问题认知加以处理，早晚都会让版权的法律问题变得十分棘手。另外，版权信息的真实性和完整性对于授权的有效性和准确性至关重要。我国《出版管理条例》和《电子出版物管理暂行条例》均明确了著作权登记信息，但提供对著作权信息的删除、篡改、伪造等的服务越来越多，很多国家的著作权法已明确规定此为非法行为。在未来的数据库系统中，我们不仅要重视对数据库技术的研究，还要从法律层面上加大对违法行为的打击力度。

7.加强对数据库产品的营销

近年来，我国图书馆的特色资源建设在数量、规模和类型上都有了很大的提高，但整体上仍处于闲置状态。有的在建库时只追求数量而忽略了品质；有的仅仅是为了建库而建库，忽视了推广和使用，更不要说它的经济效益了。

投资国际化、数据库内容国际化、数据库制造和数据库生产与联机服务的跨国经营是目前数据库产品的发展方向。因此，在进行数据库产品的市场开发时，必须引入深度营销理念，从而最大限度地实现数据化产品的价值。深度营销要求顾客参与到企业的营销管理中需，给予顾客无穷的关爱，与顾客建立长期稳定的合作伙伴，让顾客对品牌有一种依赖和忠诚感。

第四节　图书馆网络的管理

信息传播网络是信息服务的重要组成部分，是信息技术和信息技术应用的重要组成部分。因此，如何科学地进行网络文献信息服务是当前的一个重要研究课题。

网络信息服务的主要目标是：加强网络服务提供者、使用者以及网络服务自身的标准化，以提升网络服务的服务品质和服务效能，为读者提供更好的服务。

一、图书馆网络信息服务的类型及发展

图书馆网络信息业务是以电子网络为基础，满足读者需求的智能信息服务。管理观念和方法会对图书馆网络信息服务模式和观念产生一定的影响。本文首先对我国互联网信息业务的发展趋势和分类进行深入探讨，并对我国互联网信息业务的经营模式进行分析和总结。

（一）图书馆网络信息服务的类型

图书馆网络信息服务方式从不同角度有不同的划分。按照服务方式分为主动服务、被动服务、互动服务、自助服务等；根据服务的具体情况分为网页服务、参考咨询服务等；根据客户数量的不同，可以分为一对多服务、多对多服务、多对一服务等。本文着重从内容这个角度分析图书馆网络信息服务的两大类型，以明确它们的发展方向。

1.Web 服务

Web 服务是当前图书馆的一种重要的网络信息服务，信息资源存储于网站中，通过主动或消极的方式向使用者传递，以满足读者对互联网信息的需要。

（1）面向内容的 Web 页面服务：它是最原始的、相对直接的网络资讯服务。这一时期，图书馆网络信息资源的开发与利用，其核心内容包括信息资源的数字化和网络化，使得读者可以通过网页浏览、查询、检索等方式获得网上信息资源。在这种服务模式下，网上的资讯服务仅仅是图书馆传统服务的一种扩展。

由于各种类型的数字化资源与业务模式的发展，网页上展示的各类资料和服务并未形成相互联系、相互支持的有机系统，使得整个图书馆的网络化信息呈现出被动、无序的态势，这种被动的、无差别的服务模式对读者的个人信息的获得是不利的。为此，基于需要的个性化网络服务应运而生。

（2）基于需要的个性化网络服务：目前，图书馆的面向网站的网页业务主要集中于对客户进行规范化的业务，而对个性化、差异化的业务关注甚少。由于互联网和通信技术的飞速发展，使得网上的业务数量不断增多，但其在使用方面却呈现出一种混乱的局面，使得企业对其进行信息的管理与使用更加困难。用户对网络的需求日益多元化，如何合理地利用已有的网络资源，提供用户满意的网络资源，是当前的一个亟待解决的问题。基于需要的个性化网络服务为解决上述问题开辟了新途径。

为了更好地满足读者日益增长的个性化需要，图书馆网上的信息业务逐渐向差异化、个性化方向转变，更加注重人的价值和人的服务，特别是有针对性地为用户提供个性化服务。具体而言，它是指运用智能代理技术和信息推演技术，根据使用者对信息资源、界面、检索方式和检索效果进行自定义，并根据使用者的需要，从网站中进行个性化的信息处理。它为满足读者的多元化需要，同时也为读者提供丰富的网上信息服务和支撑体系提供了一种行之有效的方式。个性化信息是指在信息资源、信息表达方式、网络功能等方面为使用者的信息提供了一种更加人性化的互动接口。在此基础上，利用智能化的搜索等手段，有效地提升了图书馆的服务效能，让使用者能够积极地参与网络资讯服务。

2.虚拟参考咨询服务

网络服务的本质就是为使用者提供信息资源，以满足使用者对资讯的需要，而虚拟参考咨询则是为使用者提供资讯，是一种重要的资讯服务方式。

虚拟参考咨询服务按照不同的划分方法有不同类型。如果按照参照知识体系的范畴划分，可以将其划分成独立式参考咨询系统和协作式参考咨询系统；根据其加工流程，可以将其划分为自助式专家系统和专家回答式的人工系统等。我们一般是按照交互的时间来划分，分为同步服务与异步服务。

（1）异步参考咨询：亦称为非实时在线参考咨询，它是通过电子邮件、BBS系统、留言板等多种形式或多种形式的结合来完成在线的参考咨询服务，此类方式为目前图书馆网络信息服务中用得较多的一种模式。比如上海图书馆的合作咨询就是一种以电子形式与电子邮箱形式进行的合作咨询，使用者可以通过电子邮箱向所选定的咨询员提出问题，经系统转换后以电子邮件的方式转送给专家，专家被要求在一星期之内回复使用者的问题。

（2）实时参考咨询：由于异步参考咨询无法实现实时、互动地获得问题答案，实时参考咨询是一种有效的解决上述咨询问题的办法。

实时参考咨询是利用即时的技术手段，例如聊天工具同步浏览网页的在线咨询，实时"面对面"地回答使用者的问题，更好地满足了使用者的实时需要。目前，国内TPI系列软件平台为用户提供虚拟参考咨询和个性化定制服务，可以进行即时的网上沟通。

（二）图书馆网络信息服务的发展对服务管理的影响

探讨图书馆网上信息业务的种类和发展趋势，旨在使其与业务发展的趋势相适应，从而促进其自身的发展。

目前，随着互联网技术、通信技术的飞速发展，图书馆网上的信息业务在内容、形式、服务方式等方面日趋完善，并且在使用领域和深度上取得了突破性进展；尤其是在最近几年，出现了由单纯的服务到全面的服务，从以网站为中心的互联网服务到以多种方式提供的信息服务，从单一的、分散的业务发展到系统的信息保障的转变。

从单纯的信息发布和共享，逐步发展成为具有智慧的多功能服务，从以信息为主转向以服务为主，从消极地接收到主动出击，目的都是为了更好、更快地为读者提供更深层次、人性化的信息服务，更好地发挥信息的作用。因此，在网络信息服务中，应当突出其如下发展趋势：①从消极走向积极，从以管理为导向转向以用户为导向，强化与使用者的交流与联络，使使用者能够积极地投入到服务和经营之中；②从单一的业务到智能化的服务，满足用户对业务快速、高品质的需求；③服务的个性化，要求信息服务人员具有良好的协作意识，以适应不同用户的个性化需求。

二、图书馆网络信息服务管理的内容

由于图书馆网络信息服务管理涉及角色不同，因此，它所涵盖内容的范围也是不一样的。

从读者的角度来看，网络信息服务管理主要有网络信息服务定制、服务检索、服务部署、服务支持；从服务提供者的视角看，网上信息服务管理涉及服务设计、创建、服务测试到服务发布、重组、整合、支持、服务二次发展、全流程的职能调节和最后核销；从服务管理者的角度出发，图书馆网络信息服务管理包括服务注册、用户注册、服务提供者注册、结算中心、安全控制、质量控制和服务导航以及综合集成等。

而从整个流程来看，图书馆网络信息服务是一个包括网上信息资源的采集、组织、传播和检索、数据的分析与评估的全面的流程。本文通过对互联网信息业务的构成因素和流程的探讨，并对这些因素进行了深入的剖析，为构建图书馆的网络化管理模式奠定了理论依据。

（一）图书馆网络信息服务的资源管理

资源主要由网络资源、系统平台、门户网站及配套设施组成，是实现网络信息资源的基础，也是网络信息服务质量的保障。在资源的使用上，由于系统维护、网站更新、设备维护等系统的系统和设备等都是一种常规的技术管理。本文着重介绍网上图书馆的信息资源使用的管理。

1.构建与深层次开发图书馆网络信息资源

（1）构建图书馆网络信息资源：任何信息都是以满足特定使用者的需要而产生的。图书馆网络信息服务的目的就是要把网上资讯从纪录的状态转换到使用者所能接收的状态，以达到使用者对资讯的特殊需要。

图书馆购买的数字资源和应用系统的增多虽然使读者对其信息的需要有了更好的满足，但也使使用它变得更加困难，而且由于硬件的分离而导致的资源的损耗也越来越大。如何合理、有效地、动态地配置各类基础设施，是实现网上信息资源有效配置的关键。

信息构建是通过合理地组织、识别和建立信息的环境，从而提高信息阅读和搜索进程的一门科学和艺术。图书馆建设网上信息资源主要是为了使当前的网上信息资源得到有效的整合，使各种复杂的内容更加清晰，便于读者的访问，从而为实现图书馆网上信息服务提供依据。图书馆网上信息资源建设分为两个层次：一是网上信息资源计划，这一计划要列入图书馆资源计划中，是图书馆全面管理的内容；二是以统一的标准为基础，将网上的信息资源进行系统集成。

在一个特定时期内，图书馆拥有的资源是非常有限的，为了实现整体战略目标，图书馆必须对所拥有的各种数据对象、功能结构及其相互关系进行综合、类聚和重构，从而达到一个更高的服务效率。其主要目标是针对客户的个人需要，改善查询效率和准确度，将有限的人力物力集中在有利于实现企业战略目标的区域，凸显企业的竞争优势。从管理的视角来分析，图书馆网络信息服务的资源整合分为两类：①内部资源的管理，指通过资源门户体系对本地的信息资源进行集成。②对外资源的治理，指在资源内合过程中，将各协作图书馆及其他组织所能利用的各种服务和资源集成到本图书馆网站中来并进行管理，以补充当地的资源。

（2）图书馆网上信息资源的深层次开发：利用某种技术方法，把储存在网上的资料从不可获得状态变为可获得状态、从可获得状态到有效状态、从低可用状态到高可用状态。

本文所述的网上信息资源集成实际上也是一种利用的过程，即将网上的信息从不可获得状态转变为可获得状态并提高网络信息资源的可获得性。要实现网络信息的从可得状态到可用状态，从低可用状态到高可用状态，必须深入挖掘和提高信息的增值能力，才能更好地适应用户信息需要。

对图书馆网络化信息资源进行深度挖掘，可以通过以下两种方式进行：一是从国内外数据库、电子期刊以及有关的网站中，自动识别、跟踪、处理、制作、创建具有特征的数据库或者以文字的方式存储和使用；二是构建网上信息资源指导数据库，将互联网上有关某个或某个话题的节点集合，按照便于用户查找的原则，为使用者呈现信息的状况，引导使用者找到并取得所需要的信息。

深入挖掘网络信息资源，形成一条"网上信息流"，将极大地提高网络信息的组织程度，这有利于读者有效地利用网络信息资源。

2.网上文献资料的质量管理和规范化管理

图书馆网上资源开发的目的，是为使用者提供高质量的网上信息服务，并保证其在实际中的广泛使用。由于网络信息服务的高投入、高成本，因此，若在产品的设计与策划过程中有所失误将造成重大的经济损失，导致使用者的不满及丢失。所以，要把质量管理和规范化管理的意识注入到信息服务的产品设计和规划当中，并实施严密的质量管理，以降低由于种种原因而产生的偏差。同时，加强网络信息资源的质量控制，不仅有利于提升图书馆的网络信息服务的品质，更有利于有限资源的充分利用。

3.图书馆网络信息资源安全管理

我们在为广大用户提供网络信息资源的同时，也要注意到相关的安全问题。信息安全包括技术方面的问题和管理方面的问题。技术上着重于防止外来非法使用者侵入，而在管理上则注重对人的内在控制。图书馆网络信息安全工作由几个部分组成。

（1）杜绝信息污染：信息污染是指无用信息、劣质信息或危险信息侵入信息资源，扰乱信息资源的收集、开发和利用，严重威胁到使用者的利益。为了避免信息的污染，应依据特定的规范，运用特定的手段，从动态的信息流中选择或删除有关的信息，以减少使用者的认知压力，提高信息的收集效率，保护使用者免遭负面信息的干扰。

（2）防止信息泄密：授权用户将机密资料泄漏到未授权用户，未授权用户或其他第三方以不正当方式获取机密资料，这都属于信息泄密行为。互联网信息泄密是指在信息存储、传播、使用或获取的同时，被其他用户所获取。伴随着收费数字业务的发展，盗窃数据行为的概率和危险程度与日俱增，从数据、光盘数据库到科学数据等，都存在着失窃的风险。

（3）防止信息损毁：防范恶意制造和传播程序对电脑中储存的信息及程序造成损害，或造成电脑硬件的损坏。在内部管理中，存在着由于使用不当而造成的数据损坏，还存在对网络信息危害较大的病毒，如计算机病毒、蠕虫病毒、特洛伊木马、邮件炸弹等。

（4）规范信息使用，以免侵权：互联网信息的发展与运用，使得信息的内容、载体、传递方式多样化，使得知识产权保护领域不断扩展，包括计算机软件侵权、数据库侵权、网上信息侵权等。图书馆应保护好网络信息的知识产权，正确地处理使用与保护的关系。

4.网上信息服务中的人员管理

网上信息服务中的人员管理主要有网络用户关系管理、合作者管理及网络信息服务人员的管理。

（1）图书馆网络用户关系管理：网络用户关系管理就是利用有关的技术与手段，对网络使用者进行系统的调查、辨识、交流与训练，以提高网络使用效能，为用户带来增值，从而提升读者的满意度。此外，利用多种不同的用户关系管理手段，可以挖掘出读者的相关资讯，为读者提供个性化服务，从而为图书馆提供网络需求服务打下坚实的基础。

（2）合作者管理：未来的图书馆网络化信息服务应当走协同发展道路，供应商和合作伙伴作为其价值链条的一员，对他们的关系管理受到了高度关注。通过与服务供应商、资源供应商、技术供应商以及图书馆其他服务机构的全方位协作，使各机构能够更方便地完成各自的任务，增强自己的实力。

（3）对图书馆网络信息服务者进行管理：作为知识型机构的图书馆网络信息服务的人力资源管理，应利用知识资本和知识资本的管理手段，发展图书馆网络信息服务各个管理人员和动态知识服务团队的知识管理和服务智能，利用快速、新型的学习方式提高他们的各种能力，鼓励团队成员和管理人员进行管理知识分享，形成开放式的团队成员和管理人员的循环知识分享体系，让员工和管理人员从学习中获得知识，提升图书馆的服务水平。

（4）图书馆网络信息服务组织机构管理：任何管理活动都要有一个特定的组织结构来进行，组织机构的管理是图书馆网络信息服务管理的有效保障。一个组织结构是建立在责任、权力和利益的清晰划分上的，责、权、利须一体化。职责只有在进行权限的相应委派之后才能确定下来，不能委派没有权限的职责，有职才有权，有权必有责，职责与权力是一体的。有职没权，或有权无责，都是不正常的。"利"，自然是指好处、利益，其中有物质上的利益，也有各种优先和便利。实行责任、权利和利益三位一体的管理理念，可以有效地激发员工的工作热情，保证组织结构的正常运行。

三、图书馆网络信息服务管理模式

在图书馆网络服务和管理工作主要是由特定的部门来承担，比如信息服务部等。但是，从辩证的角度来看，由于信息服务自身的特征，它具有自身管理上的特点，即在管理活动中要充分考虑到使用者的个性化需求。

（一）网络信息服务的线性管理

1.网络信息服务的线性管理模式

图书馆网络信息服务的线性管理，就是按照工作的性质将其分成若干线条，按照不同的业务流程进行分类。通过将各种与业务有关的环节串联在一起，构成了一种线性流程，相应的管理方式我们称为服务的线性管理模式，又称为"链式管理"。图书馆网络信息服务的线性管理是基于管理过程与管理发展的需求，以及与传统的线性业务流程相匹配，实现网上信息业务的线性管理。该系统采用了以流程为核心、以用户为导向，以提升图书馆网络服务效能，减少不必要的环节。在网络环境下，不同管理模式会呈现出不同的线性特征，所以在进行线性管理中要注意控制，以使团队的整体效能得到最大限度的发挥。

2.线性管理的形式

线性管理就是链式管理，它主要有开放链路和封闭链路两种模式。

在开放链路模式下，管理的全过程都按照既定的程序进行，各个环节间缺乏交互的周期，尽管使用者已被整合到管理系统中，但是，在实施管理时由于缺乏与管理员的沟通和交互，对图书馆实现按需的网络信息服务并没有直接的影响，也不适应图书馆以需求为导向的发展特点，也就不能真正实现用户的利益。

在封闭链路模式下，网络信息服务人员提供服务后，使用者消化服务产品，生成新的信息，再将信息反馈至服务提供者，从而达到一个良好的网络信息服务生态圈。在这种管理方式下，使用者也会对图书馆的管理行为有一定的影响，但是，这种影响只是对决策的影响，并没有涉及图书馆具体的管理活动。在封闭链路模式下，用户和服务者实现了互动，为图书馆实现读者的个性化服务创造了条件。

（二）管理对象的网状管理模式

线性管理方式有其固有的缺陷，那就是在某个环节中，如果一个环节的管理不善，会对整个过程的正常运转造成很大的阻碍。在线性管理方式中，虽然供应商、合作方和用户都被纳入管理范畴，但它们本身并不参与管理，不能形成一种交互的管理方式，彼此间的关系也不密切，属于一种被动的管理。

在网状管理中，用户、供应商、合作者都是网络信息服务管理的一部分，由用户、供应商、合作者参与创造的知识和观点就成为了网络信息服务管理机制的一部分，由用户、供应商、合作者参与创造的知识和意见就成为了图书馆和用户、供应商、合作者所共同拥有的财富。

网状管理就是基于上述点、线管理基础上形成的，这是信息业务发展的要求。图书馆网络信息服务的一个新的方式就是协作咨询服务，但由于信息需求和信息资源的多样化，仅依靠单一的图书馆或个别咨询机构做好信息咨询是很难做到的，因此各图书馆信息服务部门要根据协同工作的总体规划与原则，运用新工具、新技术、新方法，按照标准化、规范化的要求建立分布式协同网络咨询服务体系和管理体系。在分布式协同协商中，每个成员节点都可以对其他成员节点的状况进行感应，每个节点都拥有自己的答疑系统和知识储备系统，并利用互联网实现会员之间的协商合作。本文提出的基于分布式计算机技术的协同工作体系，为图书馆网上信息服务提供了良好的合作平台。

同时，网络化的管理也能增强网络信息服务的内部管理。现代互联网信息服务组织的管理已经不再局限于以往的等级化、线性化、纵向化的模式，它构成了一张错综复杂、条条框框的"蛛网"。在管理与服务方面，"蛛网"管理打破了传统的固定架构，以组织的点对点为依托，以"超级链点"的网络型组织形式为具体的管理和服务提供支持。通过整合各机构组成的多功能的、具有活力的知识服务队伍，能够有效地拓展和构建新型的知识产品与服务同盟。

（三）理想的管理模式——环境管理模式

在图书馆网上信息服务中，采取情境化管理方式，目的是还原网络信息服务管理现实的本质。在庞大社会体系中，网络信息服务管理可以被视为其中的一个小的组成部分，或称为一个场，是一个与外部世界发生关系的有机整体。所以，在管理上，我们可以模仿大自然的生态环境，将网络信息服务的各个环节视为维持一个生态平衡的组成部分，组织内部、服务人员与使用者、服务人员与网络信息资源组成一个共同合作、共同体验的空间，这个空间可以是物理的（办公室）、是虚拟的（交流），也可以是精神的（例如经验共享）。通过这种方式，可以实现图书馆网络信息服务机构的自身发展，使其能够持续地调整外部环境对内部的压力，从而达到一个动态的均衡。

这一时期的管理重点在于其内部人员的自我治理和民主。该管理模型能够为网络信息业务的各个组成部分创造一个自我管理、创新、发展的生态环境，从而达到自我发展，以适应日益发展的图书馆环境及其他外部环境变化的要求，体现图书馆网络信息服务管理和谐发展的目的。

四、图书馆网络系统安全管理

（一）图书馆自动化系统安全管理

自动化系统实施安全目标管理，就是针对不同岗位、不同职责范围，对系统的总体安全进行优化，形成一个紧密联系、统一方向，共同为系统的高效、安全运行而努力的管理方法。图书馆自动化系统的建设与安全管理常常涉及硬件配置、软件设计和机房布局、线路铺设、技术水平、管理制度等诸多问题。确立安全目标，强化安全管理，对上述安全措施进行分解，促进自动化系统的综合建设。确立图书馆自动系统的安全性目标，阐明其内容、内涵以及与其图书馆工作的紧密联系，对提高管理者和自动化技术人员的安全意识，提高其整体管理水平具有重要意义。

（二）应用软件的管理

1.确保应用系统安全运行

目前，大多数的图书馆软件都是采购现成的商用软件，系统的资料库被装到服务器的目录之下，资料库设定为共用的资料库，执行程序则会被装到工作站上。网络使用者使用驱动器来与共用档案相连接，存取文件与目录。设置用户访问权限，通过这种方法既能有效地阻止某些非法使用者的登录，又能有效地限制使用者对档案的存取，有效地避免了使用者的越界行为，保障资料的安全性。

2.数据的备份和恢复

由于存储数据的磁介质具有不稳定的特性，必须对其进行定期的数据备份。数据库的备份一般分为联机备份和脱机备份,联机备份指的是在没有任何用户访问数据库的情况下对数据库进行备份,将备份下来的数据重新应用到数据库就是恢复。备份策略是最好每日两次备份,一个备份做在服务器上,覆盖保存,另一个做在其他的机器上,循环保存,保存一个月的数据。每月制作一份光盘以备不时之需。在系统被摧毁之后,可以快速地还原有用的文件、数据和系统,减少损坏的影响,将造成的损失降到最低。

3.数据的安全性

用于保护资料库,避免因非法用途而导致资料泄漏、变更或破坏。在数据库中,海量的数据被集中存储并被众多的使用者所共享,是一种有价值的信息资源,所以,它的安全问题更加突出。管理系统通常采用身份识别和鉴别、自主访问控制、强制访问控制、审计等技术来进行数据库的安全性控制。

(三)图书馆网站的安全管理

随着网上读者资料查询、网上预约等网络化服务的兴起,图书馆的网站由于其庞大的信息量而逐渐成为互联网的主要信息来源。然而,互联网在信息保密性和系统安全性方面还不完善,使得网络的安全性问题越来越严重。网站的安全性主要体现在两个方面:一是图书馆数据信息(书目数据、全文数据、读者数据、借还信息等)的安全性,这些数据很容易被破坏、遗失、窃取、篡改、冒充和破坏;二是网络攻击对网络的安全性构成了现实威胁,网站安全的威胁主要有"黑客"攻击、计算机病毒攻击等。另外,网络的易损性和人为的影响也不可忽略。所以,要针对网络环境中存在的各种安全问题,制定相应的防范对策。

对网络安全性方面存在的问题,我们应该采取针对性策略。

(1)增强在操作系统层面的站点安全:在系统层面上,如果能够对网络中的不法行为进行抵御,就可以防止来自网络中的不法使用者的入侵:①利用网络服务所构建的存取控制系统,在入侵时,大部分的网络攻击都会被拦截,从而导致攻击失效;②基于网络和业务所构建的网络防御系统,可以对大部分的网络进行实时监测,并对其做出反应;③对信息进行有源密码的保护，使得攻击方无法理解和修改敏感信息；④完善的身份验证系统可以有效地防范非法使用者的入侵；⑤当受到袭击时，一个好的备份与复原机制可以使系统在最短的时间内快速地进行资料及系统的维护；当攻击者通过多个层次的防护时，可以延迟或者阻止其抵达目标，从而使得攻击者很难掌握其内部的信息；⑥建立安全监控中心，由它为信息系统提供安全管理。⑦将书籍和阅览资料库储存于一个专用服务器中，与 Web 服务器分开，只有在特定的情况下才把它移植到 Web 服务器上。

（2）预防电脑病毒：防御是对抗电脑病毒的一种主动手段，可以有效地确保电脑系统安全。预防措施包括：①对新购买的计算机系统、硬盘或出厂时已经格式的软盘、软件进行病毒查杀，确认没有感染后方可运行；②在脱机情况下，软盘和光盘是传播病毒的重要通道，因此不要使用软盘和光盘来开机；③在内网和相关的客户机上设置网络查杀毒软件，并设置一个安全的防火墙，对下载的文件进行查杀；④对服务器及其他设备实行专人负责；⑤要有规律地做好硬盘档案的备份工作，关键资料要即时备份。

（3）采用防火墙技术。所谓的防火墙技术，就是在局域网和局域网间安装一种信息过滤设备，通过对局域网信息进行过滤和检测，从而实现对局域网的非权限接入。当没有了防火墙，一个局域网中的各个节点就会被其他的互联网所覆盖。因此，在网络环境下，利用网络防火墙，可以有效地保障用户的安全。

第四章 图书馆的立体服务模式创新

第一节 图书馆立体服务模式概述

要对图书馆立体服务模式进行深入探讨，首先要明确什么是立体服务模式。判定一个图书馆服务的优劣是以能否真正满足读者的需要为依据，信息服务及其模式就是主要的研究方向。本文将从管理视角对立体服务模式加以论述。

一、泛在知识环境下图书馆立体服务模式的概念

图书馆的信息服务是指图书馆根据读者对信息的需要，对其进行整理、分析和综合处理后，通过某种技术途径和方法提供给读者，从而满足读者的需要的活动。泛在知识环境下的信息服务主要是指在网络技术日益发达、信息获取途径越来越广泛的前提下，人们获取、存储、处理、传递和提供信息的方式。"模式"是一种操作或工作的方法，它拥有指导思想、政策法规、执行步骤或方法、经营流程和经营模式等方面的内容。信息服务是信息服务组织收集、整理和提供信息服务的过程或范例，以达到满足使用者信息需求的目的。

那么，何谓图书馆立体服务模式呢？图书馆立体服务模式是指在泛在知识环境下，图书馆借助新技术，充分利用各种可用的资源，充分发挥人的聪明才智，有效地发挥馆员的作用，让它们相互联系、相互结合、协调工作、立体交叉，协同持续发展，以满足用户特定的服务需求规律性的外在表现形态、流程或范式。该模式是信息资源、技术资源、人力资源、管理资源等的

集合，是以图书馆服务来体现它的功能和综合效益。

二、泛在知识环境下图书馆立体服务模式的特点

（一）服务理念人本化

"以人为本""客户在哪里，我们的服务就在哪里""以人为本"是立体服务的服务理念。

（二）服务对象广泛化

立体化的服务既为传统的读者提供服务，也为网络用户、本地用户和外地用户提供服务，服务对象广泛而深入。

（三）服务内容专业化

开展立体服务需要具备一定的职业素质，熟练掌握电脑技术和检索技术，运用专业知识为使用者提供专业信息，开展深度业务并协助使用者构建自己的信息资源库。立体服务是一门专业化服务。

（四）服务方式多元化

基于传统的图书馆与互联网，图书馆的立体服务模式打破了时空的局限，实现了服务方式的多样化。

（五）服务结构联合化

为了增强各类图书馆的整体力量，提高各类图书馆信息立体化服务水平，推进高校馆际合作，强化高校图书馆的联盟已成为必然。

三、图书馆立体服务模式构建的原则和基本要素

（一）构建原则

构建图书馆立体服务是一个大工程，涉及多个图书馆、多个部门、多个

方面，包括人力、物力、技术等，应遵循以下几个原则。

1.领导重视，更新观念

一件事的完成必然需要上级的大力扶持，而立体服务也同样需要。一个领导者的视野、观念、胆识等因素在成功建立立体化服务方式中扮演着关键角色。图书馆领导应从时代发展要求、立体服务的重要性等方面，通过对国外的文献资料的调研，并参考国外的相关资料，针对本地、区域的开展立体服务所需要的条件，制定具体的计划方案，并对所需的效果进行分析和预测，以取得上级部门的支持。与此同时，高校图书馆必须抛弃"重藏轻用"的传统思想，确立"以用为主"的新理念，培养图书馆馆员自觉提升服务的意识。

2.精心规划，建档备份

做好每项工作都要精心策划，把整个项目的存档和备份工作做好。从管理学的观点来看，可以及时总结问题、发现问题并及时处理问题，同时也有利于对图书馆的评估和对发展方向的调整；从使用者的视角，方便图书馆馆员及时掌握用户的信息需求、研究热点和服务满意程度，对其进行及时地分析、归纳和修正，有助于提高服务工作水平，把握学科发展和研究的发展趋势，从而推动图书馆工作的正常进行。

3.以客户为本，勇于创新

以客户为本，根据客户的需要，开展有针对性的创新服务，并不断拓展服务项目，建立一个合理的服务模式。

（二）基本要素

1.服务理念

泛在化立体服务的理念主要由"主动服务""平等获取"和"以用户为中心"三个方面构成，而"以用户为中心"是泛在化立体服务理念的核心。

（1）以人为本："读者第一，服务至上""服务是贯穿图书馆发展的主线"是图书馆服务的原则。泛在知识环境下的图书馆信息服务系统包括信息资源、技术设备和服务平台和用户构成的一个动态的体系。因此，在构建立体服务模式时应坚持"以人为本"的理念，以最低的成本、最快的速度，为客户提供最优质的产品。

（2）主动服务：用户利用文献信息的特点决定了图书馆应突破传统服务方式，汲取新环境下图书馆服务的理念和技术，主动将服务延伸到用户的工作、学习、生活的方方面面，及时获取用户信息需求动向，及时、主动、全方位提供服务。

（3）平等获取：国际图书馆协会联合会在 2014 年度会议上发布《信息获取和发展里昂宣言》中"基于人权的框架下"的第四条明确提出：推动和保障平等获取信息、言论自由、结社和集会自由及隐私等权利，并视之为保障公民个人独立的关键。

2.人才保护

图书馆馆员作为图书馆的重要组成部分。在泛在的知识背景下，馆员是"文献管理员""知识领航员"和"资讯开发人员"，具有较强的综合素质，必将在未来的发展中占据主导地位。馆员应该具有下列技能。

（1）基础知识：专业的书籍、信息、计算机、网络技术、外语知识，与图书馆的发展和使用有着紧密联系的学科基础知识。

（2）服务能力：①引导和传授用户正确检索信息的信息导航能力，如指导读者使用检索语言，掌握检索方法，传授检索技巧等能力；②利用专业知识分析各类专门数据、判断信息质量和使用的价值的专业知识综合能力；③熟练掌握计算机、多媒体和通信技术、运用数据库等新技术的能力；④具有对资料的收集、处理、筛选、存储、输出等方面的综合素质。

（3）管理能力：图书馆要有一个科学的人才分配计划和一个弹性的分配制度，这样才能充分协调和互补，才能充分发挥图书馆的信息服务能力。

3.资源优势

图书馆资源是指所有为用户提供服务的一切事物。主要有图书馆建筑与设备资源、人力资源、图书馆的文献资料等。

图书馆建筑和设施是为读者服务活动的活动场地。包括外借、阅览、查询、收集、保管、读者娱乐、休憩场所和电力和电力设施等。

图书馆设备资源包括计算机、网络设备及配套设备、图书防盗设备、数字文档处理和拷贝设备、自助借阅设备、书架、阅览桌椅、办公家具及其他设施。其中大部分是图书馆提供服务所必需的。

人的资源是指依靠图书馆的资源来实现服务的人员，即馆员。

我国的图书馆有着大量的文献资料，特别是大学的馆藏资源十分丰富，这不但体现在数量上，同时也体现在特色资源的构建和特色专业的发展上，各个大学都将大量的人力、财力、物力投入到图书馆特色资源的收集与整理上，这既保证了资源的安全，又形成了各具特色的特色馆藏，往往拥有某方面较为精深和权威的文献信息资源。

四、图书馆立体服务模式的构建目标

无论是传统的图书馆还是泛在知识环境下的泛在化图书馆，都以满足用户需求为其终极目的。泛在知识环境下的图书馆应以满足读者真实的、潜在的、个性化的需求作为建立立体化服务模式的目标，从而确保为读者提供高质量的信息服务。

（一）建立以用户为中心，具有良性互动机制的立体服务模式

泛在的知识环境具有自由、开放和共享的特点，这种交互性特征与图书馆的服务目标是一致的。借助新技术，建设新的图书馆服务方式，提高信息服务水平，是适应泛在技术发展的需要，是适应读者个性化信息的需要，也是加速图书馆自身改革发展的需要。当前，泛在化知识环境为图书馆搭建交互沟通平台提供了 Web3.0、4 G 物联网、云存储等现代技术支持。Web3.0 中的跨语言引擎技术可以将各个类型的网站内容进行集成，使其成为一个完整的系统，能够在不同的语种之间进行翻译，并通过不同的搜索引擎进行搜索。

当前网络环境的变化及人们获得的资讯途径日益多样化，图书馆的"咨询台""热线"等交互模式也受到了一定的限制。所以，要坚持"开放、包容"的理念，以人为本，建设一个让使用者广泛参与的交流平台，提升使用者的使用感受。例如，可以设置用户的订户接口，为用户提供推送信息服务。图书馆可以与用户在各大网站建立一个交互平台，用户通过与图书馆的交互，能及时获得图书馆的最新资讯，建设图书馆的"网络空间"，实现"BBS""即时通信""网上聊天室""图书馆公告"；通过对 RSS 订阅、

RSS 推送、博客等信息资源的集成，可以实现馆员与馆员之间、馆员与使用者之间的交互，从而促进了信息的传递和使用。

（二）建立提供泛在化服务的立体服务模式

传统的图书馆的业务规模、服务内容和功能都有一定的局限性，它们有清晰的服务区域和空间，有规范的服务方式和机制。这一现象与当前泛在知识环境下的用户需求相去甚远。在泛在化知识环境下，读者的需要具有泛在性，因此，图书馆的信息服务也应该具有泛在性。"泛在"即"无处不在"，图书馆应将其信息服务与读者需要紧密结合起来，为读者提供随时随地全方位的信息服务。

1.服务领域和服务对象的泛在化

泛在化的图书馆最大限度地拓展了其服务领域，克服了以往图书馆服务的局限，使其能更广泛地向广大读者提供更充分的信息服务，同时也保证充分体现读者的公平使用信息的权利。"有读者的地方就有图书馆的服务"应该是图书馆的基本理念。

2.服务内容与服务功能的泛在化

随着知识经济时代的到来，人们对于数字图书馆的信息服务提出了更高的要求。新技术的运用，使得图书馆的服务内容和服务功能得到了提升，图书馆存储和传播信息的能力不断增强，用户服务和交互作用得到了极大的改善，用户体验、实践和参与的作用得到了加强。用户可以通过电脑、手机等渠道便捷地查询和获得各种资料，通过微博、微信、博客等可以与读者进行即时的互动，使其服务更具弹性和多元化。

3.服务场所与服务空间的泛在化

"读者在哪里，图书馆就到哪里"，图书馆的服务和读者的需求是密不可分的。图书馆和馆员要从文献服务、信息服务向知识服务转化，立足"以人为本"，拓展服务新空间，实现用户随时随地访问图书馆资源、获取图书馆服务。

4.服务手段与服务机制的泛在化

运用泛在新技术手段，以解决读者的无限需要和读者的有限资源之间的供求矛盾，建立一个能够实现泛在化服务的服务平台，把服务的阵地扩展到读者第一线，改进服务手段，深化服务机制，拓展服务项目，以用户需要为基础，以用户需求为驱动，实现图书馆服务持续改进。

（三）建立能挖掘和外化隐性知识的立体服务模式

隐性知识是人类大脑中的一种难以用文字、图表、公式等表达的知识，它难以传递与沟通，难以被观测和理解，还没有被编程和明确认识，是基于长期经验的主观认识。隐性知识是图书馆知识服务的后备力量，而对其进行深层次的发掘，则是提高其知识服务质量和促进其发展的关键。泛在知识环境下的用户对于个体或组织隐性知识的需要更为迫切，图书馆应该通过建立"真人化"的服务平台来促进隐性知识的交流和利用、传播和创新。通过对隐性知识的发掘与发展，促进其显性，从而使其成为一种凝聚力量，在隐性知识整合与转化中使读者的学习和认识水平得到了进一步的提高，从而提升图书馆的服务水平和创新能力。

（四）建立协同合作、多主体参与的联合服务立体服务模式

图书馆联合服务是指某一地区、某一类型或某一特定领域内若干图书馆根据自愿原则进行馆际合作的一种方式。参与合作的各图书馆应在协同合作、公开透明的基础上组建相应的合作伙伴关系。这种关系具有长期性、稳定性和整合性等特征。通过构建"协同"的"立体化"服务体系，实现各图书馆读者享受到联合服务系统内全部的文献信息资料。联合服务模式既能为用户提供全方位、多层次、高质量、全方位的信息资源，又能充分利用各类图书馆的协同优势，实现纸质和电子化资源的相辅相成，实现图书馆与用户之间的交流，实现与地区图书馆与地区发展的良性互动，引导整个地区图书馆的发展。

第二节　基于信息服务领域的模式创新

一、一站式信息服务模式

图书馆一站式的信息化服务本质上是服务的集成、整合和利用。图书馆将不同资源、不同数据库以及不同的服务目标进行有效的集成，使得读者可以在任何时间、任何地点使用最便捷的方法来获取所需的资源。它是一种以互联网搜索和网上浏览为基础的图书馆提供的个性化的、人性化的服务。一站式服务能够有效地提升图书馆资源利用率，提升图书馆服务质量，提升读者的满意度。

图书馆一站式的信息服务模式主要包括"以 OPAC 为基础的一体化信息化服务"和"以专业馆员为基础的信息化服务"两种模式。以 OPAC 为基础的一站式服务内容为各种资源的集成，包含了图书馆的文献资料、部分的电子文献和本地数据库、各种中外文数据库、各种数据平台、元数据库等。通过对不同来源、不同类型的资源进行综合，将其与 OPAC 有机结合，从而构成一个完整的信息系统。专业馆员的信息化服务模式是图书馆通过识别用户身份，在对其需求进行进行分析和归类基础上，实现对读者进行个性化的知识管理，提供一站式的网上咨询。使用者可以根据自身的要求，在两种服务平台间自由切换，以实现自身的个性化要求。

二、参考咨询服务模式

参考咨询服务模式主要有传统参考咨询模式和数字参考咨询模式。传统参考咨询模式包括到馆咨询、电话咨询、表格咨询等。数字参考咨询模式有网上咨询专家在线即时回答的同步咨询，以及采用表单和网页提交咨询的异步咨询。异步参考咨询服务由于其操作简便，不受时间、地域的制约，在图书馆中得到了推广和发展。随着信息技术的普及，数字参考咨询模式、手段也随之产生了很大的改变，在线咨询、短信咨询、手机图书馆互动咨询、微博咨询、可视咨询咨询等，为广大客户提供实时、高效、便捷、泛在的咨询服务。

（一）基于个性化提问的层次化参考咨询服务模式

层次化参考咨询服务模式是根据使用者不同的信息需要和职业类别而设计的，它是一种为客户提供个性化、有针对性的服务模式。个性化咨询服务可以是为单一用户的咨询服务，或针对某个团体提供个性化咨询服务。在为单个用户提供专业信息服务时，要充分发挥信息融合的作用，结合馆藏资源、特定专业的资源使用情况、特定用户群体的资源使用情况等进行个性化的聚类，形成具有用户喜好的数据报表，并以不同的方式向用户展示。

（二）基于知识库的联合参考咨询服务模式

该模式是将各会员馆共同组成一个以知识为基础的、分散的、面向所有会员馆读者的数字参考咨询模式。知识库是开展数字参考咨询服务的有效工具，其主要数据来源有电子邮件、网络表单、实时聊天记录、咨询馆员交流信息、咨询馆员的日志。在图书馆的联合参考咨询服务模式，各会员馆的数据库集成为一个分布式的虚拟参考咨询平台。该模式解决了一个或一个专业的专业咨询顾问不能解决多领域用户多层次需求的缺憾，为读者提供更广泛的信息服务，同时也节约了图书馆的服务和人力资源。我国 CALIS 联合参考咨询服务平台为该模式的推广积累了丰富的实践经验。

三、学科服务模式

美国内布拉斯加大学图书馆 1950 年就开始了学科服务，从 1998 年清华大学图书馆设立了专业馆员制度以来，该模式逐步形成并发挥了重要的作用。学科服务主要适用于高校图书馆、科研图书馆，旨在增强图书馆与各院系之间的交流与联系，为教师、科研工作者提供更多的信息。图书馆学科服务是一种主动的、具有开拓性和创新性的服务，它具有个性化、专业化和知识化的特点，是一种动态式的信息服务。

（一）学科服务模式的类型

1.学科馆员模式

学科馆员模式是以学科图书馆人员的职业能力和知识素质为基础，通过与学科用户进行沟通、交流、协作等方式来实现的。以学科馆员为核心，构建图书馆和读者的资源使用网络，推动图书馆从信息到知识的转化。学科馆员模式正由"学科馆员-图情教授"的协同服务模式向"学科馆员-嵌入式"的合作服务模式发展。学科馆员是高校图书馆提供学科服务的一种主要方式。

2.学科分馆模式

学科分馆模式是指根据学科需求，将学科分为一级、二级、三级研究方向和学科体系，并提供检索、收集、加工和利用的服务方式。以建设分馆为中心，将特定的专业文献资源集中收藏，以更好地提供更深层次的服务，这是重要的学科服务发展模式。

3.学科导航模式

学科导航模式是以网络为基础，根据不同的专业类别，将各种不同的信息资源进行整合，并提供查询途径和方法的一种信息服务模式。学科导航模型重在导航，引导用户寻找和获得所需要的信息。

4.学科知识库模式

学科知识库模式以专家数据库信息、纸质文献、网上信息等为主要知识源，以知识单位为存储对象，通过计算机表达、存储和管理某一具体领域的知识。这种模型强调建立一个特定的学科专题，通过信息过滤和资源筛选等方式将某一学科的专题知识进行深层次融合，从而为用户提供深入且有序的知识。学科知识库模式是一种深层次的学科知识服务模式。

5.学科信息门户模式

学科信息门户模式是将学科的信息资源、工具和服务整合在一个开放的数字化信息服务平台上，为用户提供便捷的学科信息查询和综合服务的服务。学科信息门户包括综合性学科信息门户、多学科信息门户和单一学科信息门户。

（二）学科服务模式的发展趋势

1.基于信息共享空间的泛学科化服务

1992 年由美国艾奥瓦大学提出了信息走廊的概念，并于 1994 年扩展改称为信息共享空间（IC）。它把文献资源、网络资源与馆员的工作有机地结合起来，提供一个相对独立的物理的或虚拟的空间服务。上海交通大学基于 IC 服务的思想，以"学科服务"为核心，按照用户的个性需求，营造一个有利于学术交流与创作的氛围，倡导与读者进行互动与沟通，鼓励读者参与，支持协同研究，启迪创新思维。人员协作、资源系统、空间布局、服务基地、服务对象、知识环境，每一个元素都与各个"学科"巧妙地结合在一起，面向学科，面向研究课题，为学校教学、人才培养和科学研究提供全方位的支持，逐步建立起泛学科化的综合性学科服务体系。

2.建立学科服务联合体

在当前的信息时代，由于人们对知识的需求日益精细化、专业化，各学科之间的相互渗透和相互影响日益突出，单一的图书馆员或学科馆员的服务已经无法适应更深层的需要。加强跨部门协作，加强与其他信息机构的沟通和协作，将成为深入开展学科服务的必然选择。多个图书馆通过成立学科服务联合体，搭建专业知识与业务交流平台，营造良好学科内外环境，提高会员馆的整体素质和服务水平，为用户提供系统化、深层次的专业技术支持。

第三节　基于 Web3.0 的个性化服务模式创新

一、Web 3.0 个性化信息服务特征

Web2.0 时代的信息服务最突出的特征是信息共享、信息整合、信息服务平台建设和信息公开。Web3.0 是对 Web2.0 的一种延续与创新，是基于 Web2.0 的扩展，它以一种更简洁、更具个性的形式，向使用者进行更多的个性化的

互联网信息的定制。在 Web3.0 的今天，构建信息服务的平台不再仅仅是信息交换方式，它已经成为了一个以此为基础进行深度发展和以个人需要为依据的最优化集合。

Web3.0 的个性化信息服务的特点是：①注重用户操作的可控性。用户的活动空间不受限制，不存在人为的信息交流障碍，用户拥有自由地选择信息。②个性化的深度体验。Web3.0 的用户可以根据自己的个人需要和喜好来利用互联网，对互联网的体验也从传统的点击、单向、视听体验进入到了一个崭新的多媒体时代。③网络装置与软件具有很强的相容性和互联性。④智能的网络结构。主要表现在对人类语音、语义的理解，对用户需求自动筛选和清理。⑤用户 Web 数据信息，体现自身价值。⑥网站间信息的直接交互和聚合。

二、Web 3.0 个性化信息服务内容

图书馆的个性化信息服务是指利用庞大的数据库为读者提供个性化的服务。图书馆的个性化信息服务主要具有主动式服务、针对性服务和被动的积极响应等特征。

针对性服务是指根据读者的需要，进行信息收集、分析，定期为读者提供差异化的信息服务，开发出针对用户的不同业务战略，以满足其不同的服务需求。图书馆"被动地积极响应"实际上是图书馆主动服务的一种延伸，是在这种理念指导下的图书馆的活动的具体实践。

三、Web 3.0 个性化信息服务模式

图书馆的个性化信息服务模式是以个性化信息服务系统为平台，根据用户的信息需要，调整和组合各服务要素，以满足用户的个性化信息需要的一种工作模式。个性化信息服务的根本目标是依据信息用户的个性化需求，为其提供个性化的信息服务。

当前，已经出现多种类型的信息服务模式，主要有信息推送模式、门户模式、智能代理模式、呼叫中心模式等。

（一）信息推送模式

信息推送模式是指图书馆通过对用户动态的跟踪与需要分析，预测用户的信息需求，并根据用户的潜在需求，将已处理好的信息有针对性地推送给用户。在 Web3.0 时代，图书馆的个性化信息推送更侧重于收集和分析用户的资料，并着重于对其进行精确、科学的预测，确保所需要的信息能够及时、有效地传递，充分发挥图书馆个性化服务的技术优势。

（二）门户模式

在图书馆的个性化信息服务中，门户模式是一种被广泛应用和发展起来的模式。其中最具代表性的是"My Library"的开发与应用。在 Web3.0 的网络应用中，该信息服务模式将进一步深入，将会更重视用户的自主性、用户数据的自动跟踪与判断以及主动地为用户提供使用的策略和服务内容。对于广大的高校、科研院所等用户来说，该模式将成为一个广泛应用的模式。

（三）智能代理模式

智能代理模型是基于 Web3.0 的深度发展与运用，以满足读者的个人信息需求为中心的模式。

（四）呼叫中心模式

"呼叫中心"是把图书馆的信息服务与"114"等呼叫中心结合起来而形成的服务模式。在 Web3.0 时代，这是一种致力于为用户提供全新的个性化的信息服务的新的实践形式。

（五）虚拟 3D 图书馆模式

虚拟 3D 图书馆模式是将各种服务的职能和构成要素以 3D 动画的方式呈现在用户面前，用户以虚拟身份来获取真正的图书馆的信息。图书馆通过构建该模型来实现对读者的信息需要，对用户来说是一种心理、生理和感官上的全新的体验。同时，这种模式还反映出了 Web3.0 时代图书馆信息化建设的典型特征。

第四节　基于移动图书馆的服务模式创新

新技术条件下的移动图书馆，是数字图书馆基于移动终端设备的延伸，是一种新型的服务方式，是一种适应技术发展的新型图书馆。图书馆拥有庞大的文献资料，为实现移动图书馆的服务提供了有力的支撑。移动图书馆应依据读者的信息需要，制定出合适的服务体系、服务内容、服务方式，并结合传统图书馆服务和数字图书馆服务，形成图书馆服务的集合，以适应读者随时随地的信息服务需要。

一、移动图书馆及其特点

流动图书馆又称流动图书馆、无线图书馆、掌上图书馆、移动图书馆等。最初，它是一种面向边远或偏远地区的图书馆，最初它以汽车图书馆或流动图书车的形式提供服务。随着网络通信技术的发展，图书馆资讯的电子化传送，逐渐演化成用户借助无线网络获取图书馆文献信息的形式。20世纪90年代末期，随着无线通信网络及手机上网技术的不断发展，使用者可以通过手机、掌上电脑等设备随时接收信息，使移动图书馆从流动的实体图书馆迈向移动式的虚拟图书馆。21世纪以来，各图书馆借助于国际互联网、多媒体和无线移动网络等技术，利用移动设备（如手机、iPad、笔记本电脑），不受地理、时间和空间的限制，能够方便快捷地查询和浏览图书信息。当前移动图书馆提供的服务主要包括馆藏查询、书刊导航、热门推荐、参考咨询、服务指南、新书简报、相关新闻、意见反馈、活动通知、讲座信息等。

二、移动图书馆服务模式及服务功能

（一）移动图书馆服务模式

1.短信息服务

短信息服务是最早使用的移动图书馆服务模式，它具有速度快、效率高、费用低、使用方便等优点。提供的服务有逾期催还、预约资料、续借图书、借阅查询、参考咨询等。

2. WAP 移动网站服务

WAP 移动网站服务是在短信业务之后逐步发展起来的一种新的业务模式，它是对短信业务模式的扩展与完善，其内容包括模式推介、设计建设、绩效评估。WAP 移动网站服务是以智能手机接入特定或公共站点为基础的，是当前用户使用互联网和移动图书馆的主要手段。

3.客户端应用服务

客户端应用服务是一种与数字图书馆、移动图书馆与移动终端结合应用的增值业务，它具有可定制性、趣味性等特点。当前，在国外图书馆行业已得到普遍应用，而我国一些图书馆正在积极引进使用。

（二）移动图书馆服务功能

当前，国内的移动图书馆服务模式有短信模式、WAP 模式和应用程序模式，主要包括传常规性的服务、馆藏服务、个性化的服务、WAP 创新服务和手机阅读服务等，其主要的服务功能有：

1.常规服务

内容有开闭馆时间、图书馆新闻、服务介绍、新书发布等。

2.馆藏服务

内容包括文献检索、资源导航、数据库检索、资源共享。

3.个性化的服务

主要有"我的图书馆"、图书馆博客、微信公众平台、学科服务、参考咨询、信息推送等。

4. WAP 创新服务

其特点包括深化传统业务、拓展全新的移动业务、直接面向用户、与用户进行交互和沟通。

5.手机阅读服务

主要包括手机二维码、电子阅读器、手机电子书下载、手机全文阅读。

三、移动图书馆应用现状和发展趋势

在国内，由于开展移动图书馆服务比较晚，大部分图书馆的移动服务都采用短信服务和 WAP 服务，WAP 服务是目前主流的服务方式，其基础服务、延伸性和扩展性服务与国外差距很大。北京理工大学图书馆是我国首个采用短消息服务的高校，湖南理工学院图书馆在 2006 年推出 WAP 业务，也是全国首个采用移动 WAP 服务的高校。当前，由于使用 WAP 开展移动服务的图书馆日益增多，其服务职能也从短信通知、图书续借、预约通知等单一功能逐步转变为图书目录的检索、全文阅读等。客户端资源建设与应用主要集中在各高校图书馆，客户端应用功能强大、使用便捷，深受读者的喜爱，但目前还缺乏必要的资源支持。

（一）手持式终端设备智能化

手持式终端的网络速度、屏幕尺寸等更加人性化，运算速度和储存容量不断增强，操作系统的界面更加友好，业务的内容与方式更加丰富、更加人性化。当前存在的主要问题是该系统不同数据平台无法统一检索、不同手持终端无法统一存取、不同数据存储方式之间的相互兼容等，有待进一步完善。

（二）服务模式体系化

以全方位、多元化的服务模式为目标，紧跟移动技术的发展和进步，构建一个体系化的服务模式。所以，要对三种类型的服务进行科学规划和合理分配，在保持和充分利用传统的短信业务的同时，也要充分利用 WAP 的优势，并以此为基础，发展客户端服务。三种类型之间相互渗透，相互影响，形成了一套完整、系统化的服务模式，以适应社会各阶层的多元化需求。

（三）服务功能层次化

根据服务水平从低到高依次排序，构成一个层次化体系，能够更好地适应使用者的需求。以美国康奈尔大学为例，它提供的服务包括常规服务、课程帮助和科研帮助，服务的内容有开放时间查询、管理个人账号、借阅和转交、一站式检索和预定课程、主题和课程指导等。馆内最具特点的是提供参考咨询、文献综述、研究报告、引用管理，研究咨询，情报跟踪等六部分。

（四）服务方式人文化

该服务体系设计简洁实用，注重用户使用便利，注重服务的作用，提供多元化的信息，服务更加贴近生活。

（五）客户端资源丰富化

加大客户端应用程序的研发，深入挖掘图书信息资源，加快纸质和电子版资源向客户端应用资源的转换，丰富特色馆藏。

第五节　基于图书馆联盟的服务模式创新

没有哪一个图书馆能够运用现有资源来满足读者的所有需求，因此，应在资源共享、互惠互利的基础上，形成一个资源共享、互惠互利的图书馆联盟发展方向。不同类型的图书馆间的协作，其所提供的服务能力是单个图书馆无法比拟的。在科技发展和互联网迅速发展的今天，移动网络已经是互联网发展的主流，而移动图书馆联盟模式将是今后发展的主体模式。

一、图书馆联盟及其目的

图书馆联盟是不同图书馆为了共同的目标，根据一定的协定，遵循相同的技术规范和工作流程，组成的联合体。最初的图书馆联盟是从馆际间的传统协作演变而来。图书馆联盟必须由多家图书馆组成，有统一的规则，有一个组织负责管理、监督和协调，以实现资源共享、互惠互利，为使用者提供更好的服务。

二、图书馆联盟的作用和类型

越来越多的用户对信息的需求超越了地区、国家层面的限制而转向对全球的信息需求。而图书馆联盟可以利用虚拟馆藏，以联合共建的形式突破地理局限，突破以往的条块性壁垒以及行政主导的缺陷，将分散的资源经过有效的组织后，为读者提供获取大量信息的通道。

目前，国外的图书馆联盟包括大型计算机自动管理联盟、小型读者服务联盟、专门从事某一特殊主题服务的专门联盟，以及馆间的借用或资料查阅方面的联盟。目前，全球最知名的网上图书馆联盟是联机计算机图书馆中心（OCLC），它现已成长为全球最大的图书馆联盟。

目前国内图书馆联盟主要有全国性图书馆联盟与区域性图书馆联盟、专业性图书馆联盟和综合性图书馆联盟。目前，全国性图书馆联盟主要有"中国数字图书馆工程""中国高等教育文献保障系统""国家科技图书文献中心"和"全国文化信息资源共享工程"，其中以"中国高等教育文献保障系统"为代表。具有代表性的图书馆协议有上海高校网络图书馆、湖北 50 余所高校联合签署的"通借通阅与文献传递协议"等。

三、图书馆联盟的服务模式

依靠联盟的资源优势开展服务是厘米合作的根本。

（一）馆际互借与文献传递

馆间的互借服务可分为读者自主借阅与图书馆代借。读者自主借阅是指联盟成员馆的会员，可持本人身份证明，到会员馆内借阅资料；图书代借是读者在网上向馆际互借机构提出借阅申请，并委托图书馆向联盟图书馆代为借用。文献传递是指图书馆工作人员通过传真、复印、电子邮件等方式向读者提供馆内的资料或获取其他图书馆的文献原文的服务。

（二）统一检索

图书馆联盟通过数据库、电子期刊、电子书籍等途径，为读者提供了一种整合的资源查询服务，读者也可以通过单一数据库查询特定的信息。

（三）参考咨询

所谓参考咨询，就是读者利用联盟内部的网络平台，由各联盟成员专家就专业问题进行解答。它分为实时咨询和非实时咨询两种方式。实时咨询是指读者通过网络与读者进行实时沟通，回答读者提出的问题；非实时咨询则是用户通过表格形式来进行咨询，然后等待图书馆员的答复。

（四）定题服务与代查代检

定题服务是基于读者的特殊需要，由联盟组织实施的全程文献检索，它具有针对性强、专指度较高的特点。代查代检是指由联盟按照客户的具体需求，将主题词和关键词作为检索入口，从项目启动到成果验收开展的文献检索服务。

（五）科技查新

科技查新是一种利用计算机或人工进行的，运用综合、对比的方式，为读者的科研项目立项、成果鉴定等工作提供科学依据的一种信息咨询服务，其目的是避免用户的重复研究工作。

（六）网上培训

网上培训包括馆员培训和用户培训。馆员培训目的是提升联盟成员馆从业人员的技术和业务能力；用户培训目的是使用户能够掌握资讯服务的种类及实施方式而进行的培训，例如，CALIS 中心在各省中心进行培训。

（七）个性化服务

个性化服务是指用户可以通过自行设定所追踪学科领域中的专题，从联盟中心获得该专题的最新资讯，也可以直接调取相关专题内容或联盟中心专家推送或发布的专题资讯服务。

（八）科技评估

科技评价是科技评价单位按照受托人的既定目标，按照一定的原则、程序和标准，运用科学可行的方法对科技政策、科技计划、科技项目、科技成果、科技发展领域、科技机构、科技人员以及与科技相关的活动所开展的专门专业化咨询和评价活动。

四、图书馆联盟的发展趋势

图书馆联盟先是经历了联合编目、联合目录、文献传递的过程，实现了从区域资源共享、主题资源共享、组织协作共享，而后又步入数字资源共享时代。当前随着知识泛在化的不断深化，图书馆联盟又步入了一个移动图书馆联盟时代。

（一）移动图书馆联盟

移动图书馆联盟是以移动通信技术为基础，利用移动通信技术为信息服务载体，以其自身的网络资源为基础，与移动运营商、数据库开发商、网络信息技术公司等进行整合，受共同认可的协议和契约约束的，旨在实现资源共享、互惠互利，用户在任何时间、任何地点都可以无限访问信息资源的联盟。它是一种有别于过去的图书馆联盟和数字图书馆联盟的新型组织结构，它既是一个为读者提供信息服务的平台，也是图书馆信息资源的发展方向。

（二）移动图书馆联盟信息服务平台功能

移动图书馆联盟的信息化服务平台包括用户管家、学科服务、移动定制、特色服务、专业信息咨询、联合论坛等。它是一个用户与联盟服务人员及用户之间进行信息沟通的平台，它能为用户提供一个全方位、多层次的移动信息服务。

1.移动网络终端选择

移动网络终端包括可以接受短信的智能手机、无线上网装置及随着互联网技术的发展可以随时进入网络的设备。

2.用户管家功能

用户管家功能是读者在进行图书检索时，能为读者提供图书检索、图书收藏、图书推介等服务，引导读者迅速获得所需要的图书，并对已阅读的图书进行分类、更新，供用户选择。

3.移动信息定制服务功能

可以随时为使用者提供个性化的内容，并依据使用者的需求，对使用者的使用趋势进行预测，从而为使用者提供高度个性化的定制服务。

4.学科服务和咨询服务功能

将各个学科的知识和有关的知识集成起来，使用户可以在任何情况下获得所需要的资料，并为用户提供个性化咨询和问题解决方案。

5.特色服务和联盟BBS

为用户提供天气、交通、生活百科等专业的信息和个性化的定制。在这个联盟的基础上，可以进行图书馆内部的沟通，也可以进行读者与馆员的沟通，甚至是用户与用户的沟通。

（三）移动图书馆联盟的意义

该联盟通过为合作伙伴提供一套完整的移动数字图书馆信息服务，有效地克服了以前存在的文献资料不足和著作权等方面的问题。通过建立数字资源库，实现了数字资源和信息资源的高效集成；通过网络资源快速、无限地接入和分享，实现了图书馆联盟的可持续发展。可以预见，今后的移动图书馆联盟必然会是我国图书馆信息化建设的一个新的发展趋势。

第五章 智慧图书馆的建设

第一节 智慧图书馆概述

一、智慧图书馆的概念

智慧图书馆是我国现代信息技术条件下的一种新型图书馆发展形式，它具有全新的服务观念，具有创新发展和可持续发展的特征。近年来，我国学术界对智慧图书馆的研究日益深入，但是对于智慧图书馆的定义和概念却一直没有一个明确的结论。

智慧图书馆的概念最早由芬兰奥卢学院的艾托拉提出，他于 2003 年以"一个不受空间限制，且可被感知的移动图书馆"来界定智慧图书馆。在国内，对智慧图书馆的研究较晚。从感知计算的角度，华侨大学的严栋认为，智慧图书馆是利用物联网技术、云计算技术、智能设备，保证图书馆的智慧运行。上海社会科学院信息研究所的王世伟，在中国图书馆 2011年度会议上发表了一篇名为《智慧图书馆初探》的报告，他认为智慧图书馆的关键是人与事物之间的相互联系，以人为本、绿色发展、方便读者是智慧图书馆的灵魂和精华所在。平顶山大学的陈鸿鹄认为，智慧图书馆就是将智能技术运用到建筑中，实现智能化、自动化管理的数字化图书馆。梧州大学的李凯璇从人的角度看待智慧图书馆，他认为智慧图书馆是依托智能感测技术和高文化素养的专业人员，借助智能化的实体设备和现有的各种信息，为广大的读者提供高质量的信息服务。从服务用户的观点出发，董晓霞和韩丽等人认为，数字化图书馆引入了智能化技术就形成了智慧图书馆，这种图书馆能更好地为用户提供更加智能化的信息，它比数字化图书馆能提供更好的信息服务。

　　那么，什么是智慧图书馆呢？本文认为，智慧图书馆就是移动通信技术、物联网技术、云计算技术、数据挖掘等技术广泛应用的环境下，数字化图书馆的新形态和复合图书馆的升级，它并不限于实体物理结构的建设，而是以全面的多媒体资源为中心，通过新一代的网络技术和信息技术，以及智能馆员队伍的发展，最终达到海量资源共知共享的一种图书馆形式。

二、智慧图书馆的功能特点

　　本文在对国内外有关资料进行深入研究的基础上，从智慧图书馆的概念、形成的时代背景出发，并对当前的发展与建设状况进行了分析。智慧图书馆的功能特点包括：全面的信息管理、智能定位及安全防护、个性化的服务。其主要特征可以概括为：全方位的感知、广泛的互联互通、高效的协作、人性化的服务。只有具有以上特征的图书馆，才能适应新时期的发展，才是智慧图书馆。

　　（一）全面立体地感知

　　利用网络上的数字编码，对目标进行主动的认知，从而形成特定区域的信息，与读者、馆员等个人进行交互，杜绝零散的资讯，实现读者与馆员之间的智能化连接。智慧图书馆也可以将现实工作进行虚拟，比如利用场景的知觉，将所关注的信息向外推送；利用传感器、三维立体显示地图、自助借还等手段，以期实现全社会的感知。

　　（二）广泛地互通互联

　　在智慧图书馆的背景下，由于多种网络渠道和通信工具的运用，使得信息呈现出一种"泛在""立体"的状态，可以是图书馆与人的互联，还可以是人与人之间的互联，书与书之间的互联。智慧图书馆的目标是通过物联网实现在感知层中自动组网，收集、转化各类信息，在各个领域、各部门、各产业甚至地区、国界之间进行深入地交流。

（三）高效智慧地管理

图书馆的管理对象是馆藏文献和读者，因此其智能化的管理可以表现为：一是借阅、打印、扫描馆藏资料、图书逾期款的支付、预定座席等；二是图书馆大楼的灯光、温度、湿度、电梯、门和安保摄像机等物理环境及日常维护的管理。对读者进行的智能管理，主要是通过对读者进行智能分析，实现对其进行深度、个性化的服务。智慧图书馆的广泛、立体的感知和互联，不仅能让图书馆实现物物互联、人物互联，更能为图书馆深层管理与服务起到辅助作用。智慧图书馆最大的特点就是它的效率和智能，比如日本一家图书馆利用室内温控感应器，可以对室内的温度进行智能调控，给读者带来一个良好的学习氛围；可节省电能 28.9%。

（四）人性化的服务

与数字图书馆相比，智慧图书馆在融合科技的同时，仍然坚守着"以人为本"的思想，其功能特征仍然是以"以人为中心"的方式来体现。智慧图书馆有别于传统的图书馆，它可以通过对用户的需要进行积极的感知和智能的服务；与此同时，智能建筑从温度、亮度、湿度等方面进行精确控制，营造出一种温馨的氛围。还有部分自助设备、通借通还、3D 导航等就充分展现了图书馆的人文关怀。所以，"以人为本"既是智慧图书馆的一大特色，更是图书馆未来发展建设的终极目标。

三、智慧图书馆建设的层次模型

新一代资讯科技的迅猛发展，以及在图书馆中深入应用的重构，使其具有高度的互联和智能。智能设备、数据处理、网络传输、智能服务是智慧图书馆建设的重要组成部分，基于它们的相互支持和作用，并结合其在今后发展中所具有的特征，可构建智慧图书馆的层级结构，如图 5-1 所示。

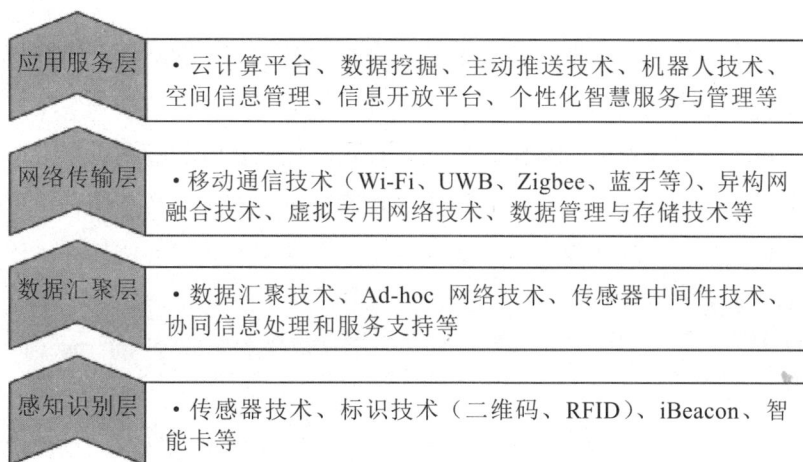

图 5-1 智慧图书馆建设的层次模型

（一）感知识别层

感知识别层是智慧图书馆的基础设施层，包括温度传感器、湿度传感器、烟雾传感器、二维码、RFID、摄像头等传感器、红外感应器、iBeacon 的内部导航系统。利用多种感官技术实现对图书、设备、环境等物体的感知，并实现对用户身份、位置和场景等方面的信息的识别。感知识别层是实体信息采集的最终平台，它为数据汇聚层提供信息支撑，并为智慧图书馆进行对象识别和信息采集奠定了坚实的基础。移动环境中，借助 RFID、蓝牙、GPS 等可由智能终端对用户的初始场景进行收集；在用户登陆时，可采集用户的地理位置信息，获取用户的借阅喜好等，并进行分级筛选。

（二）数据汇聚层

在智慧图书馆中建设中，数据汇聚层是一个非常关键的部分。在感知识别层获取了各类原始的监控资料，存在着许多的多余的信息，数据汇聚层就是要处理其中高达 70% 的冗余信息，目的是降低网络通信负担，提高无线传感网络的使用寿命。此外，通过感知识别层采集到的各类信息还需要通过传感器中间件等技术手段进行进一步的处理，才能进入下一个环节。

（三）网络传输层

信息传输是智慧图书馆信息系统的核心，它包括互联网、广电网和无线传输网。智慧图书馆的感应器可以按照特定的需求，在馆舍的各个地方进行设置。利用网络传输层，将从感知层接收到的数据实时传输到工作中，协调各个层面的工作，实现对环境和任务的智能采集与加工。智慧图书馆应用服务层智能泛在业务的实现，除了要依靠感知识别层所获得的资料外，还要依赖于网络传输层的传送。

（四）应用服务层

应用服务层次是指通过在其他各层次的支持下，对读者提供智慧化的服务，从而反映出图书馆的核心价值观。其中，服务层是以数据挖掘技术、主动推送技术和机器人技术为基础的，它通过对数据进行分析、整合和知识的发掘，为用户提供个性化的智慧服务，实现对图书馆工作的智能管理。总之，智慧图书馆是通过各层次的协同、配合，实现图书服务的人性化、泛在化。

第二节 智慧图书馆建设的关键技术

一、感知识别层技术

（一）传感器技术

智慧图书馆的传感器，其功能是将被测量的物理量和化学量转化为数据，并将其转化输出。在物联网中，传感器的范围包括光敏传感器、声敏传感器、嗅觉传感器，还有压敏、温敏等触觉传感器，它们就是利用传感器来获取外部的信息。在"智能地球"的发展中，各种传感器被广泛地运用于环境保护、海洋探测、家居生活、医疗监测等领域。

但是，无论是传感器技术还是 RFID 技术，都仅仅是一种数据收集技术，并不能与物联网相提并论（见图 5-2）。除此之外，GPS、红外、激光、扫描仪等，都是基于物联网的数据收集技术，都能实现自动识别和物物通信功能。

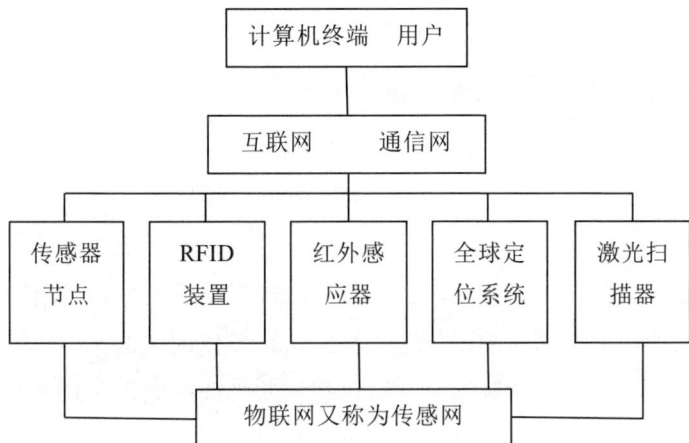

图 5-2　传感器、RFID 与物联网的联系

（二）RFID 技术

RFID（Radio Frequency Identification，射频识别）是一种通过无线频率的信号及其空间耦合和传输特性来实现对静止或运动目标的自动鉴别技术。比如，在馆内的图书、设备和建筑中嵌入 RFID，可以降低人为干扰，实现对馆内各种工作的实时监控，以及基于信息的实时反馈；采用智能的方式，自动进行操作，达到自动化管理的目的，节约大量的人力物力，例如：可以实现自动借还服务、图书定位、自动盘点等。另外，它还可对读者进行芯片的嵌入，成为读者独特的识别码。系统可方便地完成图书馆服务的身份验证，例如借阅情况、学习记录等。同时，可针对不同用户的识别特征，制定相应的个性化信息服务。

RFID 技术是实现智慧图书馆的重要技术，目前已被大量地运用于智慧图书馆，如照明、安全认证、防火通风等方面，　RFID 技术也将被越来越多地用于智慧图书馆的建设。但是 RFID 技术要在阅读识别系统中嵌入用户的身份信息，涉及用户的个人信息安全问题，这将成为 RFID 系统的一个重要瓶颈，并亟待进一步完善。同时，国家也应制定相关的法律法规来保护和防止个人信息外泄。

（三）iBeacon 技术

iBeacon 是苹果公司研发的一系列开放协议，它使用了一种低耗能量的蓝牙 4.0 版本，由 iBeacon 基站发射信号，创建一个信号区域，当用户携带移动设备进入这个区域时使用，它可以与使用 iBeacon 的应用方进行通讯，从而完成对用户的信息收集、统计、分析、定位。所以 iBeacon 的工作流程可以分成连接、数据采集和定位三个阶段。其在智慧图书馆中的特殊用途主要有：内部的位置与内部的导航，借助于这一技术，可以使图书馆能够进行个体化的定位服务，根据读者的实际情况，可以根据其当前的地理信息进行推送、智能检索、向工作人员求助，精度能达到 0.5m。针对工作人员，利用 Unity3D 引擎，可建立馆内的虚拟环境，实现读者和馆区信息的即时获取，实现对馆区的动态监控。

（四）智能卡技术

智能卡通常是一种内置微型晶片的塑胶卡片，内置 RFID 芯片，用户无需触摸阅读机和写入机，即可实现对用户的身份识别。卡内的芯片是由 CPU、可编程只读存储器、随机存储器和卡内操作系统组成的。这样，智能卡就可以独立地对海量的信息进行分析，而不会影响到主机的正常工作，以减少 CPU 负载，它通常是在端口数量多、通信速率高的情况下使用。

目前，智慧图书馆中使用的"智能一卡通"主要采用智能卡技术，通过计算机技术和通信技术将图书馆的各种设备连接起来，形成一个有机的整体，通过这种"智能一卡通"，可以完成简单的钥匙、考勤、各种复杂的资金清算或运行等方面的控制，并可按要求对各部分进行实时的监视和管理，各局部系统和终端可以自动地将各种资料汇总、处理、决策。在互联网背景下，"智能一卡通"可以互相交流，既可以进行功能上的单独的管理，也可以确保管理的一致性。比如，在不同的城市，利用一张智能卡在不同的图书馆间进行图书的通借通还，它在智能都市的文化建构中为人们的日常工作提供了极大的方便。

二、数据汇聚层技术

（一）数据汇聚技术

在智慧图书馆的感知层中，采用了一种由微感应器构成的智能感应器。利用无线传感器网络，它能实时监测、感知和收集相关的数据，获得相关的信息，从而为使用者提供智能服务。针对目前无线传感器网络能量有限、计算能力有限等问题，采用了基于数据挖掘技术的方法来降低能耗和避免数据的重复，以达到增加有用信息流、延长网络使用寿命的目的。

目前，以数据为中心的路由协议是数据汇聚技术的主流。基于数据的特征、表现形式和将来的应用，在不同的协议层次上进行数据意义的分析和数据汇集，但是通常会有很多的资料遗失。为此，在传输前，基于多个传感器的节点进行磋商，实现多个节点的资源自适应，保证资料传输的高效能及高品质。在每个结点间，利用元数据进行交流和协商，从而减少了对资源的盲目利用，这样可以大大节约能源。此外，通过采用基于簇的分层路由协议、基于平衡汇聚树的路由协议等方式，都可以达到数据汇聚的目的。

（二）Ad-hoc 技术

Ad-hoc 技术是一种点到点的模式。Ad-hoc 是一种具有特定功能的无线移动通信协议，其特点是在没有中央控制节点的情况下，各节点位置一致，构成了一个对等的网络，各节点可以进行消息的传递，具备普通的普通移动终端的能力。由于网络中的节点可以自由地加入和退出，因此，当某个节点出现了故障，网络仍然可以正常工作，也就是说，网络具有很好的抗破坏能力。Ad-hoc 网络不依靠任何预先设定的设备，它基于分层协议和分布式算法，每个节点都能协同工作，结点开机后，就会自动生成一个单独的网络。此外，对于非相同覆盖区的结点进行通讯，仅要求普通的中间结点的多跳转发，无需专门的布线设备。

Ad-hoc 技术有两个：传感器网络和个人局域网。目前智慧图书馆内的传感网络大多采用无线通信技术，但由于受体积、能耗等因素的制约，其传输能量普遍偏低，无法与控制中心进行通信。而将分布在不同位置的感应器作为节点，构成 Ad-hoc 网，从而达到多跳通信的目的。在使用 Ad-hoc 技术的个人局域网，可以使用户平板电脑、手机等进行彼此通讯，同时也能实现个人局域网之间的多跳通信。

（三）传感器中间件技术

它是一种介于底层通信协议和各种分布式应用软件的软件层，它的功能是通过软件组件的交互，屏蔽底层复杂的、异构的分布式环境，为应用软件提供运行和开发环境。在此基础上，利用感测器的应用特性，为物理网络和上层应用之间提供了一个应用平台。由于图书馆的设备来源于不同的厂商，数据格式和协议不同，便可以利用传感器中间件技术，提供统一的数据处理、网络监控，并传输数据。面对复杂的系统架构和大规模的开发需求，使用中间件技术可以为用户设计一个通用的视图和开发接口，从而使开发流程更加简单，大大提高开发的工作效率。所以，在智慧图书馆的构建过程中，传感器中间件技术在其中起到了重要的支撑功能。

三、网络传输层技术

（一）移动通信技术

由于移动通信系统的普及，图书馆用户对无线网络、移动通信的需求也越来越多，例如无线无线局域网（WLAN）技术、蓝牙技术、 Wi-Fi 技术、 UWB 技术、 ZigBee 技术等，都有自己独特的技术特色。要想真正实现图书馆的智慧性、泛在性，就必须依赖于无线网络技术。

Wi-Fi 技术是一种高频率的无线电讯号技术，现在，我国图书馆已基本实现了 Wi-Fi 的全面普及，而且绝大部分的智能手机、平板电脑和笔记本电脑都可以使用 Wi-Fi 上网。这样，图书馆的使用者就可以利用随身携带的 PC、PAD、手机等设备，在网络中进行数据的汇集和整合。Wi-Fi 技术因其自身的优势而逐渐发展成为目前最广泛使用的一种技术。与蓝牙、WLAN 等带宽较窄的无线通信方式相比，UWB 可以在宽频上发送低功率脉冲，因而抗干扰能力很强，在室内无线应用中表现良好，同时还具备传送速度快、系统能力强等优点。ZigBee 是一种安全可靠、低复杂度、低功耗的无线通信协议，由于低传输时延迟低、网络容量大、成本低，因此已逐渐发展为无线传感网络的核心技术。因而，在电子装置中，尤其是周期性、间歇性、低反应时间的数据传输中，ZigBee 技术被广泛地用于短距离、低传输速率和低功耗目的的传输。同时，在智慧图书馆中也有许多采用 ZigBee 技术的设备，以满足馆中火灾监测的需要。

当前，我国绝大多数的图书馆已经全面实现了无线网络的普及，并在这一系统的支持下开展了多种手机业务，用户可以使用随身的手机进行阅读。中国国家图书馆的手机图书馆——掌上国图，它不但可以浏览新闻，也可以使用各种服务和资源。在新的无线传输技术的加持下，今后的图书馆将会更加智能化和多元化。

（二）异构网融合技术

所谓异构网融合技术，就是电信网、互联网网和广播电视网，在发展宽频通信网、下一代互联网和数字电视等方面，进行技术革新，实现三网之间的功能和业务范围的统一，实现网络互联和资源共享。智慧图书馆的物联与协同是由"泛在"网络技术来完成的。智慧图书馆的泛在网，包含了能够实现人、书、设备和场馆互联的物联网，服务参与方之间可实现数据交换的数据物联网。智慧图书馆通过异构网的融合，读者可以在任何时间、任何地点利用任何一个图书馆的任何信息资源。

（三）虚拟专用网络技术

VPN（Virtual Private Network）是一种虚拟专用网技术，是由 ISP（Internet Service Provider）互联网业务服务商和 NSP（Network Provider）网络业务服务商，采用隧道技术，按照特定的隧道协定，在公共网中构建私人专用网。VPN 一般是由于地理位置上的不同，对两个以上的互联网连接单位，在其内部网络中使用特定的通信协定进行加密，创建一条专用的通信线路的技术。利用 VPN 技术，智慧图书馆建立了一条虚拟的内线线路。

与公共网相比，虚拟私有网是一种对通信进行加密的方式。随着信息技术的飞速发展， VPN 技术成为了一个重要的研究热点，而 VPN 具有成本低、易使用等突出的优势。VPN 网关主要通过两个方法实现远程访问：一是对报文进行密码，二是将报文的目的位置进行变换。VPN 根据用途分为三大类型：远端 VPN、内联网 VPN、外联网 VPN。由于数字信息资源、设备资源和用户信息资源广泛分布，用户与用户之间、用户与馆员之间不停地相互流通，因此必须建立专门的信息保密网络。

（四）数据管理与存储技术

智慧图书馆的主要特点是：信息增长迅速；开放致使数据 24×365 随时待命；信息全部公开，仅由安全机制管理。为了实现信息的智能化管理，图书馆必须要构建各类相关的数据库，以满足不同资源、不同目的的需求。为了管理大量的智能数据，必须采用基于语义网的内容管理、存储与查询等技术来进行数据的智慧化管理。

语义网是一种能够理解词语、概念，判断词语的逻辑联系，能够按照使用者的偏好自动筛选出不可信的内容的智能网络。通过这种方式，可以有效地提升沟通的效率和价值，从而实现客户对它的信赖。当前，在语义网的技术中，RDF（Resource Description Framework，资源描述框架）和 Ontology（本体）成为当前的重要研究课题。与常规的管理方式相比，内容管理是以组织的内部的信息为基础的有序的管理流程，根据其格式和媒体类型进行组织、分类和管理。

元数据检索技术，是根据档案需求，将资料进行分组化的处理。它将被分成大小不同的数据块，在 DHT（Distributed Hash Table，分布式哈希表）的各个结点上进行分散的存储。元数据的描述，既是一个系统的语义基础，也是数据资源语义化的基本方式。元数据检索技术是对元数据进行收集、抽取、处理和整合，然后使用登记系统对元数据进行查询、映射和转换，以便上层进行元数据检索。

四、应用服务层技术

（一）云计算技术

云计算是一种以它的云状拓扑而命名的超级计算机模型。在云计算的远程数据中心，大量的电脑和服务器相互连接，就像是一个电脑云，将所有的资源都按照不同的方式进行分配。云计算是一种新型的基于共享架构的技术，其目标是使 IT 业务更安全、成本更低。现在，国外的企业如 IBM、亚马逊，我国的无锡软件园和中化等企业已经建成了自己的云计算平台。

云计算的最根本特征是虚拟化、集成化、安全化。在面向大型数据存储 TB 乃至 PB 层次时，需要对海量信息进行处理，智慧图书馆利用云计算，可以轻松地进行智慧信息处理，满足使用者的要求；通过智能反馈，用户不需要理解复杂的情况就可以轻松地利用这些信息。云计算能够很好地克服图书馆的"数据孤岛"问题，把图书资料集中到云端，在云端平台上建立一个"虚拟的资源库"，让使用者利用云平台进行数据的查询，从而彻底地突破"信息壁垒"。云计算的兴起，尤其是云储存技术的发展，使得智慧图书馆能够实现各种便捷、快捷、高效的智能化业务。

（二）数据挖掘技术

数据挖掘，就像它的名字一样，就是从大量的数据中发掘出有用的信息。数据挖掘的流程比较繁琐，但大体可以分成三个步骤：数据采集、数据挖掘和数据处理。在此基础上，提出了基于关联分析、预测建模、聚类分析、异常检测等多种数据挖掘技术。此外，由于相同的挖掘方法可以有很多不同的算法，所以在实践中更加灵活多变，具体问题需要进行具体的研究。在大数据时代，由于存在海量的信息资源，使得数据挖掘技术成为企业和单位发现知识的重要工具。

（三）信息推送技术

信息推送（Push）技术是指按照特定技术规范，以用户为中心，根据用户在终端设定的个人需求，服务器主动向用户终端传送符合需求的信息，以方便用户随时查看和使用。因而，在服务模式上，它具有较强的能动性和目的性。

基于"订阅"的新理念，将传统的邮件业务模式与网络的通信方式相结合，信息推送是基于客户的订购而实现的。该系统主要包括三个方面：①客户需要管理数据库。通过填对用户需求表格，服务器对其进行统计和分析，从而构建出客户的需求库。②构建信息库。通过构建信息库来满足用户的需要，通过对网络中的信息进行分类整理，制定个性化的信息标准。③服务器信息推送（PUSH）。它是目前第三代浏览器的关键技术，可以很好地减轻用户的信息负担。

与传统的被动式服务相比，智慧图书馆的一个突出特征是主动，它依赖于推送技术，而且推送的内容具有高度的专业性；提高了图书馆的资源利用率，降低了网络传输负担，扩大了用户范围，真正做到了智慧图书馆泛在化、智慧化的服务。

（四）机器人技术

机器人是一种具有自主控制能力和自主动力完成工作的机器。它融合了仿生学、机械电子科学、材料科学、控制论理论、计算机科学等诸多学科，是科技与实际相结合的产物。

现在，针对各个行业的需要，出现了具有多种用途的机器人，有的用于军事、工业生产，有的用于医疗救助和农业劳动。机器人采用了一种新型的自动控制系统，不但节约了大量的人力物力，而且具有较高的工作效率。图书馆也在不断地发展和变革中，尽管目前还没有比较完善的机器人技术，但是通过引进机器人技术，可以提升图书馆的智能化水平，降低图书馆工作人员的工作量，缩短工作时间。比如在保安、保洁、迎宾、报文签收、信息咨询等工作岗位，配备具有相应作用的机器人，既可以减轻工作负担，又可达到事半功倍的效果。然而，万物皆有其两面性，将机器人引进到图书馆的各种工作中，固然会给读者提供方便，但也存在一定的经济和社会问题，必须认真加以研究。

第三节　智慧图书馆建设的原则与内容

一、智慧图书馆建设的原则

（一）标准化和规范化原则

智慧环境下，图书馆数据收集、处理、分发与使用都离不开互联网。"无处不在"的网络固然实现了图书馆的便利性，但要想建立起一个全国性乃至全世界的共建共享网络服务系统，必须有一个统一的标准和施工规范。可见，标准化、规范化将对智慧图书馆的构建产生重要的作用。也就是说，智慧图书馆要想更好地发挥其职能，就必须以统一的标准和规范为基础。

（二）开放性和集成性原则

智慧图书馆在今后的发展过程中，将为广大的读者带来更多的个性化服务，同时读者能够更加主动地参与到图书馆的服务与管理。在移动互联网的基础上，对数据的生成、加工、传递、检索等更加方便，已不仅仅图书馆员是信息制造者和发布者，读者也将成为信息数据的创造者，资讯的传播速度会更快、更直接。智慧图书馆通过微信互动、微博分享、网络联机、电话预约、就近取书等方式，将图书馆服务的门槛降到最低，馆员、读者协同参与到图书馆的服务和管理中，对图书馆产生直接或间接的影响。

（三）共建性和共享性原则

在国家建立智能化的基础上，一座城市的实力是有限的，要在短期之内将智慧图书馆建成是不可能的。但多家不同的图书馆共享资料，共享人力、物力，可以在短期之内极大地满足读者的需要。因此，要尽早地达到泛在化、智慧化图书馆建设，就必须与各馆进行协作，共同努力，在贡献自己力量的同时，还可以得到其他图书馆的馆藏资源。

为了实现信息资源的共享，各图书馆之间必须进行合作，建立图书馆联盟；同时，不同的图书馆可以共享技术、平台资源等，这样既可以实现数字资源的共享，也可以减少资源重复开发，节约资源，为读者提供更多的资源，实现智慧化管理。

（四）智慧性和泛在性原则

图书馆的智慧化、泛在化表现为：①服务时间与服务场所：随着无线技术的发展，越来越多的智能化、自动化的服务体系不断涌现，使人们能够随时随地享受到网上图书馆的各种服务。②服务目标与服务方式：随着移动通信技术的进步，服务方式也会随之变化，每一位读者都可以平等地获得图书馆的资源和服务，从而真正地拓展了图书馆服务的领域。③服务内容和模式：泛在环境实现了不同类型图书馆资源的共享，而非局限于自己的馆藏。

可见，随着时代、技术条件的改变，图书馆发展必须遵循智慧化、泛在化的理念，以充分发挥其自身的社会功能。

二、智慧图书馆建设的内容

在数字化和网络化的社会发展中，图书馆的发展遇到了许多新的问题。图书馆就要不要转型、如何转型，一直面临着各方面的压力。另一方面，随着社会的发展，图书馆也进入了一个发展的新时期：馆舍的建设，资源的建设，服务的创新，合作的共享，数字化平台的建立，以及对读者的宣传，都是全新的工作。移动互联网、物联网、平板电脑、智能手机、可佩带移动通信设备等各种媒介的出现，使得用户的需要从单纯的阅读资料转变为直接获取知识、享受智慧服务，同时也带来了新的服务方式。本文简要列出了当前形势下的服务模式（表 5-1），使这一变化表现得更加直观。

表 5-1　图书馆不同形态下的主要服务模式

服务模式	传统图书馆	复合图书馆	数字图书馆	移动图书馆	智慧图书馆
文献借还	√	√	√	√	√
讲座培训	√	√	√	√	√
自习阅览室	√	√	√	√	√
参考咨询服务		√	√	√	√
自动化管理系统		√	√	√	√
微博微信服务			√	√	√
通借通还			√	√	√
手机图书馆				√	√
智慧安防管理系统					√
自助服务					√
3D 全景导航					√
智能机器人					√
智慧泛在服务					√
信息共享空间					√

（一）图书智能分拣、盘点系统

RFID 技术的应用，使得传统的图书馆工作流程发生了变化。与 RFID 技术相结合，图书馆实现了对信息资源的采集、分类、归类和借取等工作的智能化。图书在进入图书馆后，应首先进行分类编目和标签工作，然后再通过分选设备分发到货架，以方便读者的借阅。借阅人员利用自动借阅装置将书籍归还，分类后直接分发上架。此外，因为每个书籍都有专用的 RFID 标识，所以可以方便地使用 RFID 读取和写入设备进行清点；同时，及时对书籍的存储进行及时的维护，明确了书籍的归档状况。目前，在我国图书管理领域较为成熟的是深圳市远望谷信息技术股份有限公司，该公司生产的具备不同功能的 RFID 设备（见图 5-3），已在全国 300 余个图书馆中应用。

图 5-3　推车式盘点系统、便携式盘点设备、图书自动分拣系统

（二）馆内自助系统

1.自助借还一体机

自助借还一体机是一种利用射频识别技术由用户自助完成借阅活动的装置，读者利用自助借还一体机不仅限于在服务台办理借阅业务。使用图书馆智能卡的用户只要将智能卡和待借图书放置于相应的感知器区域，通过智能卡片的扫描和辨认，便可实现借书的全流程。相比于借阅，读者的自助还书程序更为简便和快速，只要在自助装置的屏幕上按下"还书"键，将需要归还的书籍放在感应区，就可以完成还书服务。此外利用自助借还一体机可一次借阅多册书籍，并能在 24 个小时不间断地使用。图书馆采用自助借还一体机，既能为图书馆提供便利，降低图书馆的工作负担，又能增加图书馆的流通速度和服务质量。

2.座位预约系统

座位预约系统也是 RFID 技术在图书馆中的一个重要应用，它可以建立读者和座位之间的相互联系（图 5-4）。将重力感应器安装到各个座椅中，利用场馆内部的无线网络发出座位是否空闲的信息，并对空座数据进行统计。该系统是图书馆智能化和人性化的体现。而对于那些恶意预约座位的用户，则采取限制预约和减少借阅次数等方式来予以惩罚。

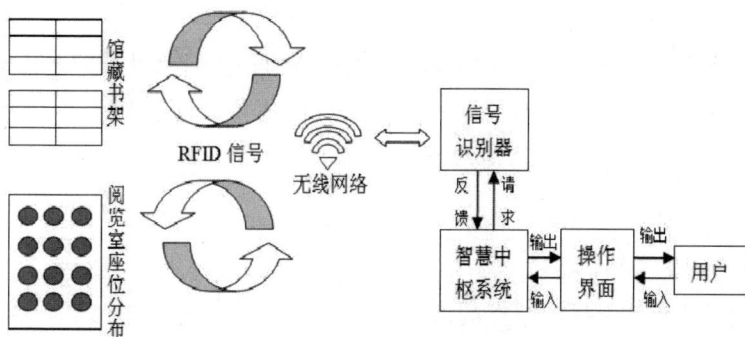

图 5-4　座位预约系统的运作机制

3.图书馆多媒体终端机

读者可以自助完成图书馆导航、书籍的查询和报刊的阅读，也可以用于宣传图书馆。

4.自助打印设备

用户可根据需要自助打印、复印，或将所需书籍资料自助扫描发至本人信箱，并可透过网络完成异地打印。

5.触摸屏阅报机

图书馆设有多个触摸屏阅报机，可方便读者阅读报纸杂志，并可实现图书馆三维立体导航。

（三）智能管理和安全系统

1.综合能耗管理系统

智慧城市的大背景下，智慧图书馆的建设必须达到环保节能标准。综合能耗管理系统是将感应器植入到图书馆的相关设备中，实现对室内空调、照明、给排水等各种功能的实时控制，保证读者的身体健康和良好的阅读条件，并实现对馆内的各种设施的在线监测，保证设备的工作状况和能源消耗的最小化。同时，针对图书馆所在的位置，选用绿色、环保的建材，实现图书馆安全、节能。

2.图书安全防盗系统

图书安全防盗系统包括 RFID 和磁条双重防盗系统。合法借阅的图书，必须满足 EAS 的防盗位、 EPC 编码域内的标记类型位和消磁 3 个条件。网络环境下，对图书进行实时监控，发现与上述 3 项不符的书籍，会发出警报，该防盗装置在离线时能进行脱机警报。北京超讯科技公司开发的 EM-2005 电磁波防盗系统，采用了全数字化技术和计算机技术，具有很好的抗干扰性，具有较高的灵敏度、较低的功率消耗、较长的使用寿命，并且可以多路在线运行，够很好地避免金属干扰引起的纠纷。

3.智能门禁系统

智能门禁系统包括门禁控制器、阅览器、管理软件、电控锁、开锁按键、管理计算机、门磁机等。具有网络连接的智能门禁系统，可整合安全防护，并与警报系统相结合。在图书馆发出火警警报时，门禁系统将会打开消防门和其他安全出口。另外，在防火门处安装有电子控制锁具，可在发生火灾时切断电源，为室内的人员提供安全的通道。

（四）移动服务建设

21 世纪以来，随着互联网及信息技术的发展，移动服务方式由短讯向网页端、手机 APP 端转变；从普通手机到智能手机、电子书阅读器、平板电脑等各种不同的应用工具，让用户在任何时间、任何地点都可以获得和使用图书馆的数字信息服务。总之，移动服务是图书馆行业的一次移动革命。

智慧图书馆具有广泛的互联特性，使得它能够实现手机与阅读器、 IPTV（IPTV）等的无缝连接。手机图书馆是以手机、平板电脑等为媒介，利用移动网络实现双向通信。利用 3 G 和 4 G 手机高速阅览能力，可以使图书馆和数字图书馆建立联系；通过手机短信咨询平台、手机阅读与沟通平台、网上信息阅览平台，为读者提供文献检索、续订、到期提示、参考咨询、读者推荐、个性化定制及移动阅读等功能。通过移动设备，用户可以在任何时间、任何地点方便快捷地进行图书目录的检索、预约续租、查阅图书的过期、发布通知等。在此基础上，结合数字图书馆和数字电视之间的交互，读者在家中通过电视机就可以完成预约、续借图书、查阅图书资料、查阅文献资料、查阅文献资料、查阅文献资料、收听公共视讯等业务。

（五）智慧空间重构

网络环境下，传统的以安静的阅览室为主体的图书馆结构，已无法满足读者的需要。新一轮的开放获取运动在世纪之交兴起，促进了信息的开放和共享，同时，也推动了图书馆服务方式的转变，催生了信息共享空间。随着信息共享空间的发展，世界各地掀起了一股新的图书馆空间重构浪潮。美国爱荷华大学于 1992 年率先建立了一个集电脑室、视听室、阅览室于一体、以探讨与沟通为核心的信息共享空间。于是，不同类型的信息共享空间应运而生，如学习空间、创客空间等。

图书馆信息共享空间是图书馆用户交流、学习、合作与研究、培养用户的信息素质的一种新型的服务方式。美国北卡罗来纳大学图书馆 IC 前主任唐纳德·比格尔对图书馆信息共享空间从两方面进行解释：①它是一种独一无二的网络环境。在此平台上，用户可以利用互联网平台上的搜索引擎进行图书和其他数字资源的查询；同时，用户可以使用不同的数字资源。②它是一种新型物理设施和空间。这是一个全新的信息环境，可以是一个图书馆的一部分、一个楼面，或独立的物理设施，在数字化背景下，对工作空间进行分类管理，提供针对性服务。浙江大学图书馆的信息空间是比较成熟的（见图 5-5、图 5-6），它于 2012 年 9 月向公众开放，主要有多媒体空间、知识空间、学习空间、研究空间、文化空间、系统体验空间、创新空间、社交空间等 8 个功能区。

图 5-5　"浙江大学信息共享空间"首页

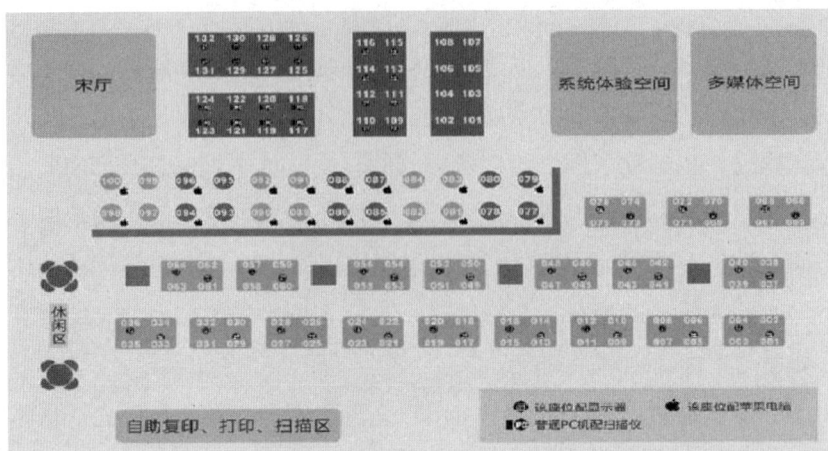

图 5-6　浙江大学图书馆信息共享空间座位分布图

（六）泛在智慧服务建设

图书馆的文献服务，以文献载体为主；图书馆的信息服务，主要以信息传播的形式存在；图书馆的智慧服务，以知识的传播为核心。3 种模式相比，智慧图书馆侧重于用户智慧的生成，培养用户知识创新应用的技能，并根据用户的心理认知，为用户提供个性化的信息资讯。例如，用户在对文献进行查询时，图书馆不仅能够对用户进行信息回馈，还能够迅速地对所获取的信息进行分析，整理成文献综述、研究报告，方便读者参考，并能根据用户终端形式进行数据处理。

网络的全面开放性使传统图书馆业务模式发生了变化，使以当前以用户为本的服务职能得到拓展，增强了对信息的利用效率。智慧图书馆将服务与创新有机结合起来，利用信息技术获得用户的基础信息，利用数据挖掘技术获得用户的隐性信息，从而为用户提供个性化、泛在化的信息服务。

（七）智能机器人图书馆

智慧图书馆按其职能划分，可以划分为五大类别：

1.智慧程度低的自助图书馆。

首先在美国出现的是一家小书店，能够 24 小时开放，不过只能为少数人服务。近年来，方便快捷的自助图书馆陆续在我国出现，例如首都图书馆北门、香港科技学院图书馆北门等。

2.机器人与立体仓库的结合应用系统图书馆

它能实现图书的自动存取、机器人对图书的自动堆叠等功能。这一技术效率高，但成本高昂，迄今为止，国内的图书馆尚无此类服务。

3.书籍处理机器人（AGV）图书馆

具有代表性的是德国洪堡大学的 AGV，它能实现对书籍的分类和上架，费用较高。日本大阪市立大学图书馆的 AGV 成本低、工作高效，但是仅能做一些诸如搬运和摆放书籍之类的简单、重复性的工作。

4.全自主智能机器人系统

它能够完成图书的装卸、存储和上下架，自动化程度高，是当前智慧图书馆研究与发展的热点领域。

第四节　智慧图书馆建设的问题与对策

一、智慧图书馆建设中的主要问题

（一）缺乏相应的政策和标准

要构建全方位立体智慧图书馆感知系统，需要大量的数据交换。在进行信息交换时，应该按照什么标准和规范进行，如何确保信息的安全，是需要认真研究的两大问题。特别是在智慧图书馆中，对文献资料、读者信息进行管理，将会牵扯到知识产权问题、读者隐私问题，必须加以妥善地处理和管理。如果没有统一的标准和规范，势必导致信息不能正常互联，形成信息孤岛，这将阻碍智慧图书馆的可持续发展。因此，读者隐私安全和图书馆资源的保护问题，将对智慧图书馆的长远发展起到至关重要的作用，亟需相应的政策和规范来支持。

（二）与信息安全有关的问题

在我国，由于资源获取方式与数据格式不同，导致了资源管理的效率低下；国家或地区的数字图书馆缺乏统一的网上业务体系，电子文献的资源分布非常零散，图书馆间资源配置不合理，导致信息供求的不平衡，能真正满足用户需求的信息量少、质量差；另一方面，重复和冗余的信息流尽管数量庞大，但其开发和利用难度较大。在我国开展智慧图书馆基础设施和服务方式的普及工作中，数字化信息资源建设是亟待解决的重要课题。

（三）支撑平台与技术问题

要构建智慧图书馆，必须以智能化技术为依托。比如，馆舍的改造、维护、信息管理、信息服务等。为了适应智慧图书馆的需要，必须采用现代化的技术来进行改造，将虚拟现实技术、物联网技术和数据挖掘技术相结合，实现数字图书馆和智能设施的融合。例如，在数字图书馆的发展中，基于条形码技术和磁条技术的自动化集成系统（ILAS），基于 RFID 技术的安全管理系统，两者充分融合，形成了一套智慧图书馆系统。除此之外，还要依赖于大量的知识库和分析预测系统，为智慧图书馆的运营提供支持。当前，国内图书馆智能支持系统的研究大多停留在理论层面，国内统一应用的成熟的智能支持系统建设尚需进一步的探索与发展。

（四）建设费用问题

无论是纸质文档的电子化标识，还是绿色、高效的智能楼宇，都与费用问题息息相关。尽管每个电子标签的价格仅为 1 元，但是它的条形码和阅读设备的成本很高。对于一个中型图书馆来说，单单在电子设备上的投资，就要花费几百万甚至上千万。另外，图书馆最基本的服务是阅读，对智慧图书馆来说，提供的主要是数字阅读服务。智慧图书馆的建立、各类图书的供应、电子图书的采购，都离不开大量的经费。目前，对国内数字图书资源的投资已远多于对印刷图书的投资。智能建筑的改建、物理设备和资源库的购买，都是需要大量经费的投入。而对图书馆进行的各种资源和装备的日常保养，以及对图书管理员的培训，都会给图书馆造成很大的财政负担。

（五）智慧馆员队伍建设滞后

馆员是图书馆生命的象征，是其人文精神的体现。智能化的物理设备、无线网络、数据资源等为智慧图书馆提供支撑，其中，有智慧的馆员是必不可少的。21世纪，图书管理员已不仅仅只是一个"看门人"，而应是具备丰富图书信息工作经验，能深入了解读者的需要，实时跟踪和发布需要的资讯，并且可以分析和整合图书馆资源，提供有针对性的专业服务的高素质人才。因此，智慧馆员是智慧图书馆的核心。但目前我国图书馆建设的重点是智慧图书馆建设，图书馆智慧人才建设还处于起步阶段。由于目前国内尚无专业技能培训，也没有一个统一的资质规范，因此，虽然有充足的软硬件条件，图书馆的服务质量比以往有所提高，但仍未达到智慧化的程度。当前，我国智慧图书馆发展缓慢的主要因素是馆员自身的能力和素质不能与图书馆的发展相适应。

二、建设智慧图书馆的策略

（一）制定相关法律和政策

首先，要加强与智慧图书馆相关的法律和制度的建设。网络环境下，海量的信息信息可以被人们自由访问，信息安全、网络安全、知识产权的维护都需要相应的法规做保障。在信息共享的大环境下，必须制定相关的法律、法规，以保证信息的有效利用。另外，在完善的法律制度下，可以与基金会、公益组织等组织合作，而不仅仅是依靠政府的资金支持。

其次，推动全国图书馆规范化的工作。应从管理机制、程序流程、资金保障、公众参与和信息公开等层面，借鉴国外成熟经验对我国法规、制度进行规范和完善。而标准化建设的推进有助于提高我国图书馆在世界图协的地位，也有助于我们培育一支国际化图书标准建设队伍。

（二）资源共建共享

资源是图书馆运作的基础，其智慧化体现在两个方面：资源的海量化和储存的无界化。智慧图书馆既有网络信息资源、数据库资源，还有纸质资源。图书馆资源智慧化的过程，就是将芯片植入每个实体资源的过程，从而使得这个资源可以被识别出来。同时，利用图书馆内无处不在的网络环境，对资源状况进行及时地反馈。在资源丰富的背景下，智慧图书馆将利用云服务体系结构，从"云"中获取业务支持系统和资源服务系统，从而达到资源共享的目的。各图书馆要构建资源共建、共享的体系，以满足读者各种需求。就图书馆自身来说，要正确把握馆藏资源使用现状，制定相应的服务策略，挖掘具有特点的资源和服务，以提升资源使用效率及服务质量。随着移动互联网的飞速发展，各个图书馆都在努力构建数字资源。鉴于资源建设成本和储存空间的限制，加上资源在智慧图书馆中的作用，各地图书馆纷纷建立图书馆联盟。因此，在建设智能城市的进程中，资源的共建共享将是一股巨大的推动力量。

（三）科技的创新和运用

从包括网络信息技术在内的各种技术应用，以及图书馆的整个发展历程来看，图书馆员关于技术应用的创新态度，会对图书馆未来的建设发展产生至关重要的影响。利用新的信息技术，实现了图书馆员从传统的管理方式向自助服务转变，突破了时空的局限，大大减轻了馆员的工作压力；图书馆特色服务如学科服务、空间服务、多媒体服务等得以开展。随着新技术的应用，图书馆工作者的脑力活动也随之活跃起来，并由此形成了图书馆以互联网为基础的泛在服务。

图书馆是一种以知识为基础的社会服务组织，而不是科技研究开发的组织。但是，技术的使用是必需的。在技术运用上，图书馆绝大部分采用"拿来主义"态度，这是可以理解的，但是要根据自身的专业特性，加强技术的应用和技术的适宜性开发。随着传感器技术和 RFID 技术的问世，图书馆行业也开展了关于智慧图书馆智能化机器人的研究工作。

（四）转变价值观念

图书馆要明确自己的使命和价值观，加强与政府部门和各方面的沟通合作，争取更多的资源、更大的发言权。要主动把握机遇，重新调整和规划业务。利用 RFID 技术，可以实现实体资源从存储到上架使整个业务过程的智能化，节省大量人工成本。强化网络思维建设，凸显图书馆的核心价值。图书馆资源共享、人力资源共享将是未来的必然趋势，各图书馆应该强化互联网思维，加强协作；在坚持图书馆核心价值的前提下，应摒弃绝对"技术论"，重视科技的同时重视人文精神的培养。在保护人类知识产权的同时促进知识的自由获取。目前图书馆已经开始实施部分有偿服务，而且已经出现了"图书馆走进书店"，或者"书店走进图书馆"的倾向，能使图书馆更好地适应形势发展。

（五）智慧图书馆人员队伍建设

图书馆人员队伍建设问题一直以来都是图书馆的核心问题。培养一批经验和技术含量高的专业人才是我国图书馆发展的重要战略资源。2015年12月，国家教育部对2002年《普通高等学校图书馆规程（修订）》进行了修改，新规程规定，高校图书馆的专职馆员不得低于50%。智慧图书馆在国家发展进程中的地位越来越突出。图书馆的工作水平取决于馆员的素质。在智慧图书馆时代，从信息到知识的转变，亟需有智慧的馆员为读者提供人性化的服务；而技术的发展进步，则是由更高级的图书馆人员来驾驭的。因此，图书馆工作人员需要不断提升自己的职业素质，更新自己的知识体系，才能与时代要求相匹配。唯有自身素质不断提高，专业技能持续更新，才能与时代同步。进行智慧图书馆人才队伍建设，应从以下几个方面着手。

1.改变现有的招聘模式

当前图书馆馆员的聘用，更多的是以专业和学历为主，而图书馆员进入的条件相对较高，而招聘的效率也较低。图书馆要转变现有的聘用模式，就必须实行资格认证的方式，建立国家智慧图书馆员执业考试，统一命题，组织各类考核。

2.盘活人力资源存量

对现有馆员的分类使用，要根据他们是否具备智慧图书馆的知识，将其安排到相应岗位和科室。将具有智能素养的图书管理员重点放在智慧服务岗位，并鼓励他们不断提高自己的技能和创造力；对缺乏智慧图书馆素养的工作人员进行重点培训，以提高其智慧服务的能力和技巧。

3.培养学习型馆员

俗话说"活到老学到老"。随着时代的发展与进步，我们应该借助各种训练、学习和交流等途径，来培养智慧馆员谦恭的学习态度，并借助各类手段实现终身学习，达到共同提高的目的。

第六章　智慧图书馆联盟建设的策略

第一节　智慧图书馆联盟概述

一、图书馆智慧同盟概念的定义

智慧图书馆同盟是指利用大数据、物联网、智能计算等技术，通过建立智能数据系统，提供个性化、精准化、智慧化服务而形成的优势互补的联合体，具体是指图书馆之间、图书馆与其他组织之间在原有图书馆联盟的基础上，依托智慧图书馆服务平台，协同管理联盟内部的各种资源的建设与配置，实现信息资源共享，实现文献资源的充分利用。

二、建设智慧图书馆的基本条件

（一）科学的联盟战略规划

智慧图书馆高度依赖新技术，使战略规划在图书馆的决策中扮演着越来越重要的角色。借鉴国外图书馆联盟的成功实践，我们可以看到，强化其策略的制定和开放性，有利于促进不同类型的图书馆之间的合作。在制定科学的联盟发展策略时，应注意以下问题：①开展馆际调研，搜集各层面的意见与建议，制定发展的方向与愿景。②成立一支专门的战略计划团队，并委任一位专门从事战略计划工作的专家，以提升计划的专业性。③制定好了战略规划后，要做到开放、透明、与时俱进。

（二）完善的管理机制和专职管理人员

智慧图书馆联盟的运作需要集成化的管理理念与管理战略，以全新的信息技术为支撑，使馆与馆、馆与人、人之间相互联系，以提升机构的运行效率，推动会员馆协调发展。目前，我国大多数区域图书馆联盟都是仿照美国"理事会"的联盟形式，由某些成员馆的领导担任理事会的成员，他们都是从自身的角度来思考问题，而忽视整体的发展。而管理机构的工作人员也是兼职的，由于他们时间有限，联盟发展过程中遇到的问题常常无法及时地得到解决。美国伊利诺伊州图书馆联盟（CARLI）采取更为精简的机制（参见图 6-1），这一由上至下、集中与分散相结合的管理方式，既具有弹性又具有效率，可以有效地处理联盟在发展中所面临的现实问题。

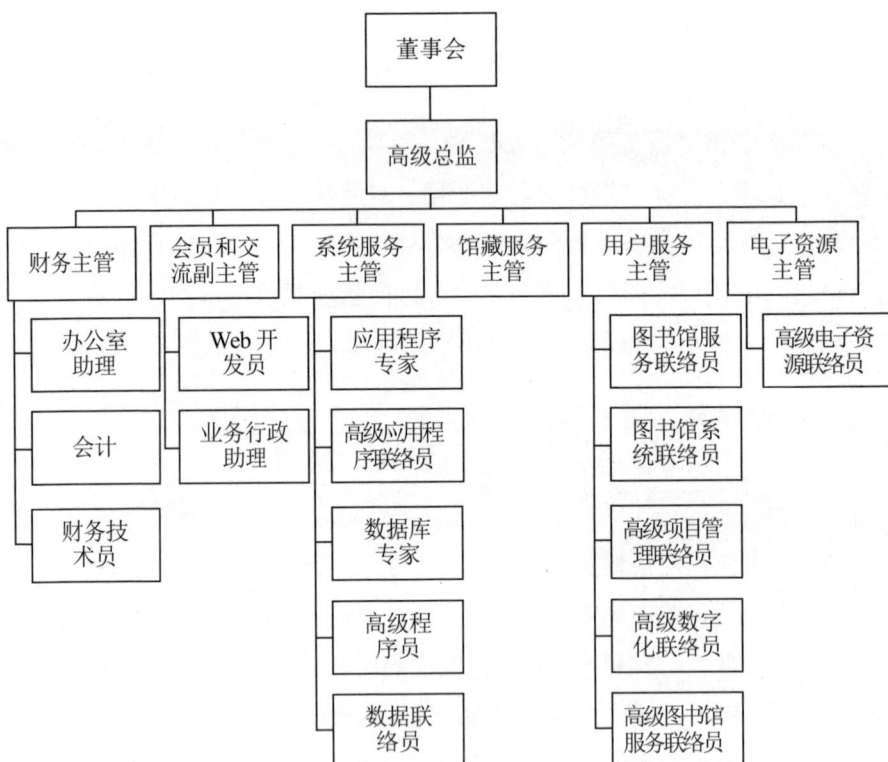

图 6-1　CARLI 管理体系框架

（三）专业的技术

从传统图书馆、数字图书馆到今天的智慧图书馆，我们可以看到专业技术的重要性。先进科学技术的开发与运用，将为联盟的发展和运用起到强大的支撑作用。当前智慧图书馆的应用技术主要包括语义网技术、体感技术、数据挖掘技术、3D 虚拟技术、RFID 与物联网、人脸识别技术等，具体见表6-1。在此背景下，联盟馆要通过技术合作、情报交流，整合各个场馆的优势，把分散的技术人员聚集起来，形成高素质的技术团队，协同开发图书馆技术，建立健全的安全和保护机制。当碰到技术上不能克服的问题时，可向 IT 企业或组织求助。要知道，智慧图书馆联盟不仅拥有大量的文献资料，而且还保存着各个馆员的个人资料、借阅记录和检索方式，技术人员在获取隐私信息时一方面要征得他们的意见，然后才能进行数据的挖掘和分析；另一方面，还要对信息、知识产权等进行有效的保护。

表 6-1　运用于智慧图书馆联盟的技术名称及实现途径

技术名称	实现途径
语义网技术	通过链接与标注数据对象，将图书、论文、机构、作者、阅读数量、下载量等数据有机关联起来，通过识别、描述和标注这些对象之间的相关关系，形成关联数据形式的知识图谱。
体感技术	感知读者的位置、行为甚至心理状态，进而精准地判断读者的需求，提供精准服务。
RFID 与物联网	图书馆智慧中枢系统将图书馆各类设备、图书、信息单元、馆员、读者等通过物联网联系起来。实现跟踪读者的轨迹，自助借还、书刊定位、智能书架、读者自助查询终端、感知走廊等智能服务。
3D 虚拟技术	为读者营造逼真的"3D"环境，使书中的场景和知识可视化，给予读者沉浸式体验。
数据挖掘技术	将图书馆的各类结构化、半结构化、非结构化资源合并分析，计算图书资源之间的内容联系，方便图书馆对图书重新分类排架，使图书具有"1+1＞2"的组合功能：分析用户偏好，向相同偏好的用户群推送信息。
人脸识别技术	计算机捕捉并识别人脸后，自动完成自助借还、座位预约、对比用户黑名单、记录用户行为等操作。

三、图书馆联盟的特点

（一）技术化

任何科技都是建立在人与事物联系的基础之上。智慧图书馆联盟科技发展就是利用用物联网、互联网＋、移动互联网等先进的科技来改造传统的图书馆，促进其信息化的发展。随着"AI+机器学习"的大发展，智慧图书馆将借助科技手段，将"机器学习＋AI"融入人类实际需要，实现"人机合一"。

新一代信息技术的发展，将会使智慧图书馆联盟超越时空的限制，更好地与社会大众交流，加强联盟与政府、企业、民众的联系，并为其提供更精确的信息服务。例如，在社会大分工的形势下，智慧图书馆能够利用大数据技术、智慧云技术，对农村社区的发展特征进行正确地判断和感知，并为农村居民提供有价值的服务。

（二）均衡化

图书馆联盟的目的在于，当经费有限的情况下，通过馆际间的相互合作，以丰富馆藏资讯，打破地域、行业部门的壁垒，实现资讯的流动、共享与协调。然而，由于区域发展、管理体制、观念等因素的制约，使其在基础设施、馆藏资源、服务水平等方面存在较大差距，缺乏统筹，部分具有研究价值、地域特色、珍贵稀缺的资源由于受到当地政策的影响而无法公开、分享，从而在某种意义上制约了资源的共建共享。

在发展智慧图书馆联盟的今天，多层次、多类型的图书馆联合以及与科研机构、数据提供者之间的多层次合作将更加顺利。今后，智慧图书馆将会科学合理地利用资金，建立一个共享的平台，利用数据互联、云端存储等技术，确保区域内读者都能享受到均衡的服务。

（三）以人为本

"以人为本"，人性化服务，就是以"用户至上"为宗旨开展服务。而大部分的图书馆，虽然其网页内容丰富，但只能满足读者的部分需求，对用户深层次的需求缺乏深层次的挖掘，对满足用户实际需求尚有一定的距离。

随着信息技术的迅猛发展，智慧图书馆建设必须要以高科技为依托，做到以人为本。在智慧建筑物的设计中，要重视对建筑物的智能化改造，创造一个自由开放的交流空间，促进使用者智力价值的转换和革新。通过 RFID 技术、虚拟现实技术和可视化技术，建立知识共享、平等交流的社会环境。在服务用户方面，通过使用可穿戴技术和虚拟现实技术，可以帮助特定群体如老人、儿童、残疾人等，在家里就能了解到整个图书馆的空间结构、资源分布情况，并能在现实生活中对各类资源、业务进行实时监测，使之随时随地都能获得所需要的任何资讯。

（四）协作化

智慧图书馆的一个特点是信息的相互连通。但是，在构建智慧图书馆的过程中，还存在着"信息孤岛"的问题，使各成员单位"互联互通、共享信息"成为制约其发展的瓶颈。"协作化"是指大的图书馆能够将其丰富的馆藏资源开放给中小规模的图书馆，利用较为成熟的信息资源为广大中小规模的图书馆读者提供专业化、高效率的服务；相应地，中小规模的图书馆要充分发挥本地特色，丰富充实较大规模图书馆的信息资源库，从而达到双赢的目的。为了推动图书馆之间的合作，打破"信息孤岛"的壁垒，各图书馆应进一步强化与出版业、物流和电子信息产业的合作，在"共生"的基础上，利用各行业的馆藏扩大自己的信息资源量。就拿南京城东部高校图书馆联盟来说，以前各图书馆之间是相互隔绝的，现在 5 所高校的学生可以共享联盟内图书馆的 3000 万本书籍刊物。

第二节　智慧图书馆联盟的调查分析

一、现状分析

目前，国内智慧图书馆联盟还处在起步状态，在理论与实务方面尚处在探索阶段，缺乏相应的理论与实证方面的数据。本文的外国文献资料来源于Web of Science 数据库，时间跨度为 2000 至 2020 年。在数据搜集过程中，我们首先以"Smart Library Alliance"作为关键词进行搜索，没有发现任何与此相关的项目，然后用"Smart Library"进行搜索，最终得到 68 项满足条件的项目。在中国知网搜索方面，以"智慧图书馆联盟"作为检索词，截至 2021年 3 月 20 日，搜索到 33 份有关专题资料。从这一点可以看到，目前关于"智慧图书馆"还没有形成一个统一的名称，这给人们的研究带来了一些难度。为此，笔者在对资料进行了分析，将相关文献都列入研究范畴，以扩大资料的基础，剔除不合格的论文共得到 15 篇有用的文献。基于已有的资料，对智慧图书馆的发展现状进行了简要的分析。

（一）智慧图书馆联盟的类型

我国目前的智慧图书馆联盟模式可以概括为"单联盟"和多个智能库与其他组织协同合作形成的"综合联盟"。如表 6-2 所示。"单联盟"有两种形式，一种以深圳图书馆之城及澳大利亚公共图书馆联盟为代表。这一协作形式是以公共图书馆为主体，与区域内的其他图书馆共同努力，共同推动智慧图书馆联盟的发展。另一种是高校智慧图书馆联盟，其代表有英国 G5 超级精英大学联盟。该联盟的目的是为高校图书馆建立智能资源导览系统，为各大院校图书馆提供集成的知识和信息，从而促进各大学文献资源的相互补充。"综合联盟"大致可分下列几种：一是以新加坡国家图书馆董事会（NLB）为代表的区域性智慧图书馆联盟。该联盟将本地区内的多个组织机构联合起来，开展发展战略和发展规划等有关工作。二是主题智慧图书馆联盟。该联盟针对某一主题结成一个团体不断开展研究，澳大利亚"eSmart Libraries"

和重庆大学知识产权信息服务联盟是这一方面的典型。

表 6-2 智慧图书馆联盟的类型

类型		代表	成员	联盟成就或实践
单联盟	公共智慧图书馆联盟	深圳图书馆之城	深圳智慧图书馆、盐田区智慧图书馆、宝安区智慧图书馆等	建设专业化、多层次、智慧化的统一"图书馆之城"服务平台，包括云平台、微平台、数据分析与监控平台等多个维度
		澳大利亚公共图书馆联盟	ALIA、托斯马尼亚库、维多利亚公共图书、昆士兰公共图书馆协会等	参与"智慧澳大利亚合作"项目，发布《图书馆助力智慧城市发展的10种方式》，提出图书馆从建筑设计、热点技术、创意产业、终身学习、数字化接入、社区和文化等方面参与到智慧城市的建设中
	高校智慧图书馆联盟	英国 G5 超级精英大学联盟	牛津大学博德利图书馆、剑桥大学图书馆、伦敦政治经济学院图书馆、伦敦大学学院图书馆、帝国理工学院图书馆	达成以下智慧服务：提供全周期的资源导航服务，引入问答社交理念，提供情境化、定制化与社交化的参考咨询服务；注重打造应用智慧信息技术的功能空间来满足用户的创意实践需求；开辟融入智能技术的可辅助用户创意实践的工作室
综合联盟	区域性智慧图书馆联盟	新加坡国家图书馆董事会	国家图书馆、公共及区域图书馆联盟、国家档案馆等	参与建设"新加坡智慧国家"项目，RFID 技术已全面用于图书的发行与追踪；开发 NLB APP 以及 One Search 检索系统，可以检索国家档案馆资源；运用社交媒体推广智慧成果

续表

类型	代表	成员	联盟成就或实践
主题智慧图书馆联盟	澳大利亚"eSmart Libraries"	澳大利亚智慧图书馆、儿童安全专员办公室、ALIA、Alannah & Madeline基金会、Telstra基金会	通过与澳大利亚1500个公共图书馆网络合作，将图书馆及其用户与工具和资源联系起来，以改善网络安全和福祉，并促进社区的数字化融合
	重庆大学知识产权信息服务联盟	重庆大学图书馆、四川大学图书馆、电子科技大学图书馆、重庆市知识产权局等	充分发挥成渝区域高校特色和优质办学资源，开展多领域、深层次的交流合作；联盟成员间的教师可以共引共享、互聘互用、跨学校授课、跨学校指导学生等。并推动成员学校间学生跨校交流与培养，探索学分互换认定机制

（二）智慧图书馆服务平台为联盟发展提供契机

自20世纪90年代以来，为了推进高校多校区或区域联盟内的多馆合作，北美地区学术图书馆联盟开始推广共享本地图书馆系统（Sharing local automated library system）。2009年，北美图书馆技术市场进入了一个新的发展时期。2013以后，北美地区迎来云计算托管的 LSP 时代。随着网络时代的变迁和科技的发展，人们对图书馆的要求越来越高，迫切需要一个更好的服务平台来帮助读者从庞大的知识资源中获取自己想要的信息，从而使图书馆能够在信息提供者与使用者之间达成一种平衡，这将导致整个信息化体系的整体提升。但是，在云计算时代，没有一个单独的图书馆能够发挥出最大的作用，加入到同盟中，成为同盟成员，就可以利用其自身的优势来获取发展机遇。

为了建设高校图书馆命运共同体，2015年江苏省高校图工委强调联盟平台、图书馆、用户、服务商深度协作，构建图书馆的联盟。南京大学智慧图书馆与图星合作，于 2018 年推出了"Libstar 智慧图书馆"，该系统主要解决如何管理电子资源、如何提高馆藏资源的使用效率问题。同年重庆大学智慧图书馆与维普智图携手，共同打造"DALIB·智图"服务，并在世界范围内建立了第一个智慧图书馆建设者联盟。目前维普智图已经与 10 所高校合作，为推进智慧图书馆的发展做出贡献。在建设中小学智慧图书馆联盟方面，深圳中图首创了"互联网+图书馆+阅读"的综合模式，并在深圳新安湖小学全面推行，至今该联盟模式已经在广东等地建设了 100 多所智慧图书馆，并拥有 500 多家软件用户。

（三）深化用户服务理念，提升智慧服务质量

1.通过网络社群增加客户黏性

过去，国内的图书馆信息服务多是单向的，存在着线上线下分离的现象。而智慧图书馆联盟，则是利用多源数据与人工智能技术，实现图书馆智慧双向服务，即线上利用 PC 端、移动端、智能设备进行多屏实时同步，使馆员、用户、资源互联互通，让服务唾手可及；线下通过智能书架、24 小时自主归还设备、VR 设备等，提高用户的舒适度。国家图书馆董事会于 2018 年推出"NLB Mobile"移动软件，此软件不仅能从资料库中获取数码资源，还能为读者提供条形码扫描仪和书签标记，以便于读者在网上浏览和使用。深圳的"图书馆之城"也是如此，通过使用移动 APP，使广大用户可以主动地投入到网上图书馆资源建设中，从而实现了读者和馆员的良性互动。

2.科技赋能使智慧服务更加深入

大学图书馆联盟在服务的深度和广度方面处于领先地位。就拿英国 G5 高校智慧图书馆来说，各成员馆都拥有一流的科技装备与硬件，可以满足用户各种创新实践需求。在咨询服务方面，联盟力求以群策群力的方式积极地参与到知识服务中。在资源服务上，首先利用大数据、智能推送、云搜索等技术，建立跨数据库、跨内容、跨平台的信息检索平台，以适应不同领域用户的动态需求；二是在用户教学研究的全生命周期引入资源导航服务，为用户在不同科研节点提供一整套供一揽子数据检索服务。

二、问题剖析

（一）标准问题

在智慧图书馆的运作中，由于各会员馆使用的是不同的平台和管理系统，形成了各会员馆的分散、不统一的资源结构。因此，要在智慧图书馆联盟中构建一个标准化的、统一的信息交换和分享平台，使它们形成良好的交互关系。

1.数据标准问题

建立智慧图书馆联盟数据标准是进行大数据集成的前提。智慧图书馆的各种服务活动都依赖于海量的信息流，而在信息传输过程中，由于不同的资源和不同的用户需要不同的采集系统进行信息互转。数据的标准化工作应该包含数据标准的编制、数据培训和执行以及标准的合规性检查。然而，因为用户需要不断改变，现有的数据规范的发展呈现出滞后的趋势。另外，一些图书馆联盟借鉴国外的资料，忽视了自己的实际应用需要，没有顾及这些标准的实用性和适应性。

2.技术规范问题

当前，智慧图书馆尚未形成一套技术标准体系。一方面，以信息化为基础的智慧图书馆合作模式尚处于起步阶段，而随着信息化进程的不断加快，两者之间无法保持一致，这让它们的发展受到了极大的阻碍。而另一方面，当前企业也面临产出高实用性科技产品的困难，因此，参加制定行业标准的企业数目每年都在减少。

（二）管理制度问题

过去，我国图书馆联盟结构松散、联而不盟，尽管规模较大的图书馆联盟的法规制度与行为准则较为完善，而中小型的图书馆联盟却缺乏相应的管理机制。当前的智慧图书馆同盟也面临着相同的问题，尽管通过技术支持，各组织、企业和图书馆可以通过技术途径构建一个联盟链，但公开的管理制度具有普适性，并没有针对企业的特殊情况单独设计。此外，对管理制度的公开意识也比较弱，如东莞智慧图书馆联盟也开展了战略规划，但并未将其计划的执行过程发布到网络上。从柯平的《图书馆战略管理》一书中可以看出，在我国的图书馆联盟中，战略规划尚未被纳入其中。因此，在智慧图书馆联盟的运作中，必须要进行制度、法规等方面的不断改进，真正实现智慧图书馆的全方位运作与监督。

（三）安全问题

1.用户隐私安全问题

图书馆既是文献资料的集中场所，还涉及广大读者的隐秘信息，特别是在移动互联网环境下，隐私权的保护问题始终受到广大用户的重视。用户的个人信息包括用户姓名、年龄、性别、阅读行为数据、兴趣偏好数据和上网行为数据。在保证信息的准确性和个性化的前提下，保护信息系统安全性的要求也随之提高。从国家层面来看，政策法规和制度体系还有待完善；从技术层面来看，为了防止黑客的不法盗用和攻击，保障用户的数据安全，智慧图书馆必须要有自己的网络安全核心技术。

2.信息安全问题

在实践应用中，传统的集中化管理模式严重限制了数据的使用、交流和传递。与传统的图书馆联盟不同，智慧图书馆联盟更注重与互联网的交互作用，具有网络化、智能化和共享化的特点。信息安全事关数字化图书馆线上和线下业务的正常开展。当前在互联网开放的背景下，图书馆资源建设、数据管理、价值服务等面临宽带攻击、协议攻击、软件漏洞攻击、身份认证失效、资料被篡改、被窃取等多种安全性问题。

（四）人员队伍问题

智慧图书馆的建设对高校图书馆工作人员的素质和能力有更高的要求。但是,目前我国图书馆工作人员素质与图书馆联盟发展需求之间存在着矛盾。一方面，由于工作的特殊性，很多馆员缺乏危机观念，仍然习惯于传统的工作模式，对智慧图书馆转型仍未给予足够的重视；另一方面，由于目前国内还没有形成专门的人才培养体系，各个行业都存在着大数据、物联网、云计算等相关技术人员紧缺的现象。而图书馆作为一个社会公益机构，其薪酬和福利的不具备竞争优势，对高技能专业人才缺乏吸引力，导致人才荒问题十分突出。

三、未来发展趋势探讨

（一）联盟建设标准化

没有一个统一的标准，就很难突破图书馆间的界限，也就很难做到资源共享。要使各智慧图书馆之间相互合作，实现信息资源共享，就必须建立一个经过各方面共同制订并得到公认的专业规范。根据工信部公布的《中国区块链技术和产业发展论坛标准（CBD-Forum-002-2017）》，从数据的角度来看，数据规范主要有生产规范、保存规范、编辑规范等；从数据的使用上，可以分为资源服务、身份认证、版权认证、知识发现数据、行为感知数据、网络学习数据等。

（二）联盟制度规范化

智慧图书馆联盟实质上是由不同图书馆组成的实现资源、技术和服务共享的联盟平台。合作伙伴的数量、目标和契约是联盟的重要因素，而科学合理的合作伙伴关系是实现联盟的重要保障。联盟制度包括联盟章程、基本规范以及相关管理制度等，旨在通过联盟的形式来强化成员间的相互沟通，避免联盟走向"无组织"状态。同时，要完善信息披露机制，建立政府采购专用平台，并将政府采购系统公开和共享列入绩效评价体系。

（三）智慧馆员专业化

智慧图书馆联盟下馆员的智慧化水平既会对本馆的服务质量造成一定的影响，也会对整个联盟以及其他会员馆和合作者都有正面和负面的影响。图书馆工作者的智慧体现在其职业素养与信息素养两方面，图书馆工作者要有广博的知识面，有较强的灵活性，有创意，有较强的分析能力。在建立智慧图书馆联盟的过程中，应全方位、多角度、系统化地培养图书馆员，把学校培养与职业培养、职业实践有机结合，转变传统的思维方式，提升馆员职业素质和服务能力，为智慧图书馆联盟提供更好的服务。

（四）联盟合作网络化社会化

化社会化互联网的辐射性、传播性、互动性、实时性特点被广泛应用于各行各业，特别是在公共服务行业。社交网络会根据个人兴趣、生活习惯及价值观，为用户画像，从而为其提供个性化的服务。随着网络化的发展，智慧图书馆联盟的建设离不开社交网络体系。由于读者的多元化，将使图书馆的信息服务向更加多元化发展。以社交网络为基础的跨地域、跨类别、跨系统的智慧图书馆联盟，将促进各层次、不同性质的图书馆馆员之间的协同工作，从而不断提高不同层次、不同性质图书馆馆员的综合业务能力。

第三节　智慧图书馆联盟的建设策略

一、打造"核心＋扩展"的联盟成员发展结构，聚合优势资源

在进行智慧图书馆成员选择时，应避免过分扩大规模。按照社交网络的中心性特点，一个成员与其他成员的关系越密切，就代表着该成员所在的节点的中心性越强。在此思想指引下，应该从技术创新、地位影响力和服务水平等几个角度来选择智慧图书馆的核心成员。通过对其进行整合，在确定了该联盟的核心成员之后，通过其影响力和传播效应，吸纳与其有关联的图书馆、机构作为其扩展成员。与此同时，随着社会对信息需求的日益个性化，联盟也应该主动吸收具备特殊信息资源、具备一定知识基础、具备一定能力的信息服务组织，从而使联盟核心资源和技术实现有效整合与互补。

联盟可以通过选取影响比较大成员馆作为联盟的核心，将联盟内的高校、公共服务机构和企业进行融合，充分利用科研机构、政府机构和高校的优势

资源，确定各成员馆的发展重点和特色，充分利用成员单位之间的人才、资本和信息优势，为科技成果转化、学科前沿基础研究、地区重大经济发展和政策制定等提供信息支撑。

二、以新型技术支撑智慧图书馆联盟建设，打造品牌效应

现代科学技术的发展和应用对图书馆联盟的发展具有重要的推动意义。目前，在智慧图书馆联盟所应用的技术包括云计算技术、三维虚拟技术、人脸识别技术等。在当前时代背景下，结合用户的现实需要，需要借助现代科技协助图书馆联盟整理海量的文献，并使用户能够更快地获得自己所感兴趣的信息。比如，西班牙海梅一世大学图书馆利用地理信息系统（GIS）实现图书资料的定位，通过触摸屏将图书的具体位置信息以电子地图的方式呈现出来，方便用户查找所需要的信息资料。

打造联盟品牌是建立图书馆联盟的外在需要，利用自身的特色品牌来提高联盟的知名度，从而打造专业化的形象，提高联盟的凝聚力。首都图书馆与各成员单位共同举办北京图书互换市场，受到了社会各界的广泛关注，许多出版商和文化界的代表也积极参加，促进了文化的交流和发展，开创了一种文化的新局面。目前的图书馆联盟活动大都是照搬过来的，或者是相互模仿，缺乏创意。在合作的基础上，可以与5G、人工智能、云计算技术数字化、资源肖像技术与图像技术有机地融合起来，满足多个图书馆在数据收集和数据通信方面的需要，从而推动多层面的业务合作。首先利用联盟中心平台绘制出用户画像，通过混合型协同过滤算法挖掘出读者的真实需求和潜在需求，然后将其与联盟内的资源相匹配，由"为人找书"转变为"为书找人"，使其得到更好地利用。此外，将智能VR技术与数字阅读技术相结合，实现电子书的充分应用，为广大儿童提供一种"浸入"式的阅读体验；尤其是对某些儿童读本，可以选择具有故事性的部分作为虚拟展示，并对真实场景进行可视性模拟，这样既可以刺激幼儿的想象力，对于提高儿童的学习水平也是非常有帮助的。

三、以资源共享为合作基础，共同实现智慧服务

以前的图书馆联盟都是局限在比较狭窄的领域，这与联盟的目标是相悖的。未来的智慧图书馆联盟，首先应具有大局观念和风险意识，时刻关注行业动态，勇于创新，积极应对行业转型。其次在共享的基础上，智慧图书馆成员的合作不仅要局限在馆内业务层面，而是应该在公平的原则下进行。要摒弃旧有的思维模式，乐于将馆内所涉及的非中心业务信息公开，并在此基础上进行共同致力于资源的整合，以实现图书馆智慧化服务的目标。要促进成员馆内的信息交流，发挥各成员馆的优势，重视成员馆的数据资料所具有的重要价值。如果将所有的资料都闭锁在自己馆里，不仅会影响到自身的发展，也会影响到整个联盟的创造力，因此，要避免"事不关己，高高挂起"的态度，实现成员馆全面参与发展。

（一）坚持资源共享

从传统图书馆发展到今天的智慧图书馆，它的内涵也由技术层面向内容层面转变。现代图书馆的智慧服务是以资源为基础基于技术驱动的，这使图书馆的服务更灵活、更个性化、更符合用户的需要。通过加强图书馆的信息共享和开放，可以让成员馆拥有信息平等交换的权利，扩大图书馆的信息资源量，打破地域、行业壁垒，促进各种类型图书馆之间的联系、互动、合作，使其资源价值得到更大程度的发挥。

（二）建立内部报告制度

建立一个基于共建共享的内部汇报制度，这是实现联盟深入交流的重要保证。联盟通过收集、整合、分析公开的资料，建立一个整体发展状况和个体发展差异性的报告，推动成员馆之间的良性互动。在可能的情况下，可以将报告向公众开放，一方面可以为图书馆的学术和实际研究工作提供资料，另一方面也可以吸引其他的图书馆参与进来，为联盟增添新的活力。例如，澳大利亚图书情报协会（ALIA）为了让澳大利亚民众和利益相关者更好地掌握协会的发展现状，每年都会发布一份关于该协会工作情况的电子邮件和一

篇内部报告，据此提供有关协会一年来的工作情况。

（三） 采用 UGC 社交网络模式

在 Web2.0 时代，社交网络的生产方式从平台向用户转变，UGC（User Generated Content，用户生产内容）就是时代发展的产物。微信、微博、豆瓣、知乎等都是现在网络上使用最多的社交平台，在这些平台上，人们可以分享自己的最新资讯，上传图片、视频、音乐等资源。由于每个社交网络平台都有其自身的特征，因此它们的用户群也就会有所差异。在知乎、百度等论坛中，读者可以提问或者提供有价值的答案。在 UGC 的今天，所有人都可以从网站上获得信息，然后在网上下载、转帖，成为信息提供者和分享者。UGC 社交网络架构具有强交互、即时和大规模的特点，有利于服务创新和协作，在共建、分享方面具有明显的优势。当成千上万社交网络平台用户都参与到智慧图书馆联盟的发展中来，智慧图书馆联盟数据库将获得极大发展。

四、制定人才战略，加强联盟人力资源共享

"知识就是力量，人才就是未来。"这就是人们普遍认同的"人才观"，因此，图书馆联盟应当以此为指导制定相应的人才发展策略。

（一）建立网络知识社区，促进知识成果转化

智慧馆员在智慧图书馆中扮演着重要角色，也是其发展的"倍增器"。虽然我国图书馆联盟每年都要召开年会，但主题主要集中在对联盟工作的总结和对成员表扬上，缺少管理人员和服务人员的沟通交流，尤其是一些在发展智慧图书馆方面有一定经验的基层馆员不能借助这个交流平台进行交流。而在国外，很多图书馆联盟都将馆员的专业知识和工作经验为宝贵财富，并将其作为一种福利而对其他馆员进行推广和分享。

网络知识社区是一种开放、互动和聚合为基础的信息交流平台，不论是一般的图书馆工作人员，还是专家学者、政府高官、科研人员，都可以根据自己的特长和兴趣，组建属于自己的交流群。通过交流、实习，逐步成长为

智能馆员,如此一来,不仅可以提升联盟的工作效率,还可以加强联盟的团结,促进成员馆之间的人才沟通,为图书馆联盟的可持续发展提供动力。

（二）加强联盟培训,打造高素质馆员队伍

构建智慧图书馆同盟,实施智慧化服务,必须有高素质的专业人员。要给用户提供优质、高效、准确的智慧服务,就需要对图书馆工作进行改革。

1.注重提高图书馆工作人员的专业化素质

新时代对智慧馆员的专业素质包括知识、技能、理念、服务等有了更高的需求。然而,这种发展态势也使联盟各馆员的工作职能在有意或无意中被模糊,导致图书馆工作职责的缺失。智慧图书馆联盟的目的在于求同存异,不同成员馆其资源、技术、基础设施等本就不同,用建立智慧图书馆的宏观目标要求全体成员,而忽视各馆的差异与发展需求,则有可能导致馆员被过重的社会责任感压迫,淡化馆员的职业责任。

在新的社会文献环境和信息碎片化的冲击下,智慧图书馆员应以理性的眼光来评估自己的发展潜力,并根据图书馆用户需求情况,充分发挥自己的专长,全面融入图书馆间的开放协作中,并在业务工作和读者工作中发挥关键作用。如中国高等院校文献保障系统（CALIS）设立了业务支持中心、信息服务中心、数据中心、技术中心和事业发展中心5个智能与管理部门,以最大限度地利用馆员的专业优势,进行人力资源的集成,并通过不同图书馆的实时互动,确保各个场馆的运营与升级,加强了内部的团结与协作的黏性。

2.创新业务竞赛

从1986年起,图书馆业务竞赛从过去的业务竞赛阶段发展成复合图书馆业务竞赛阶段。在未来发展的大背景下,要以智慧图书馆建设为核心,对竞赛方式进行改革,充分调动各成员的积极性。通过对图书馆馆员进行专业知识结构的改革,切实提升其专业素养。可以从以下两个方面进行。

（1）竞赛形式应与时俱进

安徽省公共图书馆联盟2017年度职业技能大赛共48名参赛选手,参赛项目涉及的领域包括基础理论、公共文化政策、读者服务及图书馆管理。所以,在设计智慧图书馆联盟业务竞赛时,既要注重理论依据,又要从业务实际出发，从文化政策、管理规范、业务基础等几个层面入手，增加情景模拟、软件应用、智能设备使用、个人化检索等项目。

（2）竞赛方式应多种多样

目前，国内的图书经营竞争大多采用初赛、复赛、决赛等流程，采用的主要是笔试，同时还包括实际操作和现场竞答。在信息化、智能化等新技术不断发展的形势下，图书馆业务竞赛可以采取多种组织方式，构建专业知识库，馆员网上参加考试，借助虚拟现实技术（VR），进行虚拟场景的仿真和跨场馆的团队合作，实现竞赛的立体化、可视化。在预赛、决赛阶段，采取线下笔试、现场答题、实战操作、阅读推广计划、情景模拟等，也可以在现场直播中展示馆员的职业素质和随机应变能力，树立职业形象，让业务比赛更具趣味性和实效性。

3.增进馆员之间的沟通交流

笔者认为，在建设智慧图书馆的过程中，要重视馆员的沟通与交流，挖掘、分享和传承他们宝贵的实践经验，以此为智慧图书馆的建设提供一些切实可行的意见、建议。

（1）为馆员提供信息交流的渠道

智慧图书馆联盟应当在各个专业领域中充分发掘有经验资深人员，尤其是有专业技能人员的宝贵经验，记录下他们的联系方式，创建一个专家数据库，与成员馆分享，以便于其他联盟成员从数据库中直接获得相关的资料，必要时可以进行联络咨询。同时，智慧图书馆还可以为不同岗位的馆员建立微信群、QQ群等，使相同岗位的工作人员能够在此平台上分享工作中遇到的问题及在服务中收获的经验和心得。此外，智慧图书馆还可以将以往的培训视频和资料上传至协会网站，供馆者免费下载学习。

（2）举办经验交流会

智慧图书馆联盟可以组建专门的研究队伍，随时掌握当前图书馆发展趋势，不定时组织"阅读推广""文献检索""学科服务"等传统业务交流活动，或就"数字资源的协同分享""智慧图书馆应用""智慧图书馆微服务"等热点前沿问题展开讨论，或在每个年度总结会上增设经验交流专题。

五、建立跨机构联盟，寻求广泛的合作关系

智慧图书馆联盟主要是由政府机构、公益组织或企业组成的。联盟模式主要有四种：即智慧图书馆与智慧图书馆之间的联盟、政府机构与智慧图书馆之间的联盟，智慧图书馆与企业之间的联盟、智慧图书馆与多类机构之间的联盟。

（一）智慧图书馆与智慧图书馆之间的联盟

知识、科技、人力等要素分散的大背景下，单凭一家图书馆的力量难以在智慧背景下实现图书馆服务。这种模式是指高校智慧图书馆、公共智慧图书馆、专业智慧图书馆等各类智慧图书馆，通过建立协作机制，为实现知识共享、创新服务模式、提高管理效率而进行的合作。如重庆大学智慧图书馆协同创新联盟就是按照这种模式建立的。

（二）智慧图书馆与政府机构之间的联盟

《中华人民共和国政府信息公开条例》规定，图书馆是国家公共信息的查询场所，各级政府部门不但要积极为图书馆提供公开的政府信息，而且要提供相应的设施设备。尤其是在"互联网+政府服务"的开放大环境下，我国政府大力倡导信息公开，并积极引导社会力量参与到行政管理领域。而智慧图书馆是我国公共服务体系中的一个关键环节，它肩负着政府信息公开的责任。扬州市图书馆已经将政府的政务公开内容列入了扬州政务公开项目中，并在网站上设置了一个网页，用户可以在网页上点击查看扬州市公共信息；另一方面，智慧政府与智慧图书馆的建设在内容上具有交叉重合，可以互相借鉴，通过提供政策及财政资助，帮助智慧图书馆联盟提供各项专业服务，使其从多方面向全社会延伸，为建设智慧城市做出贡献。

（三）智慧图书馆——企业之间的联盟

智慧图书馆与企业结成伙伴关系，可以实现共赢：①当前智慧图书馆需要的技术与设备，大多由馆配商、服务商等相关技术公司来完成配备。IT产

业发展迅猛，市场竞争激烈，使相关企业拥有强大的技术实力和丰富的技术积累，他们对应用于智慧图书馆的软硬件进行研发、更新和修正，寻求与之匹配的系统和设备，这为智慧图书馆的信息化建设提供了有力的技术支持。比如，有智慧图书馆通过与华为、小米等企业开展深入的交流，共同探讨图书馆服务发展规划、智慧产品开发等问题，促进了智慧图书馆服务能力的提高。②在技术创新与管理升级过程中，智慧图书馆可以从 3 个方面帮助公司：一是建立智慧的环境，为企业的设备操作和仿真提供方便；二是为各大企业提供智慧馆员，向企业阐明智慧图书馆的需求，帮助企业理解国家的相关规定，助力图书馆与企业之间的友好合作；三是为企业提供智慧服务，主要包括积极收集市场信息、竞争信息，发布专利信息，提供科技查新服务、动态知识服务等。重庆大学除了建设智慧图书馆外，还积极推进数字化阅读的发展，与京东合作，开发了"京东阅读校园版"，让大学生们可以专注于移动端阅读，随时随地享受到精致的阅读体验。

（四）跨系统的智慧图书馆联盟

随着科技、经济和文化的不断发展，对各类信息的要求越来越高，我们必须扩大视野，与其他智慧图书馆进行合作与共享；同时要积极争取与政府部门、公益组织、社会团体、出版商等组织的协作，促进智慧图书馆及其他机构之间的联盟。以上海文献资源共建共享协作网为例，目前共有 81 个会员，涵盖专业馆、政府馆、企业馆等多种类型的图书馆，涉及公共、教育、科研、情报四大系统。又如，丝绸之路国际图书馆联盟通过整合图书馆和书店资源，建立了一个馆店结合的新型阅读服务共同体。英国 G5 高校图书馆联盟的发展战略计划中，就提出要加强与其他组织和机构的合作，以扩大其在国际上的传播和影响力。这给我们智慧图书馆联盟的建设提供了一个新的思路，即以专业图书馆为基础，从单一的内部协作向外部多样化的协作层次延伸，并探讨以联盟为基础的协作形式。与此同时，智慧图书馆联盟还要把眼光投向国际组织中，与国外机构或联盟结成伙伴，强化自己的专业能力，把自己的专业性服务带出去，把知识、标准和资源带进来。

参考文献

[1]张怀涛. 现代管理理念与图书馆管理[J]. 情报科学，2010，28（01）：18-23.

[2]赵文叶. 网络环境下图书馆管理的创新[J]. 学园，2017（14）：154.

[3]李静，吴萌. 泛在知识环境下图书馆服务深化策略探析[J]. 图书馆研究，2013（01）：85-88.

[4]邹群玲. 高校图书馆学科化知识服务模式的应用探索[J]. 现代职业教育，2017（31）：237.

[5]梁欣，过仕明. 我国移动图书馆服务模式现状与发展趋势[J]. 情报资料工作，2013（05）：98-101.

[6]刘佳佳，陈婧慧，董喜鹏. 浅析数字图书馆联盟的服务共享模式[J]. 科技展望，2016，26（05）：230-231.

[7]唐亦玲. 基于物联网技术的智慧图书馆建设研究[J]. 金陵科技学院学报（社会科学版），2015（4）：85-88.

[8]王艳红. 现代管理理念与图书馆管理[J]. 中文信息，2017（12）：26.

[9]于泳. 公共图书馆服务管理创新方法的相关探讨[J]. 信息记录材料，2017，18（05）：13-14.

[10]洪远富. 浅析图书馆管理模式[J]. 江苏科技信息（科技创业），2011（12）：114.

[11]郭变桃. 论人本管理理念在图书馆管理中的应用[J]. 晋图学刊，2011（06）：15-17.

[12]王斌. 数据挖掘在高校图书馆服务中的应用研究[D]. 西安：西安理工大学，2010.

[13]熊健. 加强图书馆服务管理职能研究[J]. 办公室业务，2016（01）：174-175.

[14]王阳明. 关于图书馆自动化发展走向的研究与讨论[J]. 才智，2015（20）：347.

[15] 王世伟. 未来图书馆的新模式——智慧图书馆[J]. 图书馆建设，2011（12）：1-5.

[16] 张倬胜，艾浩军，马方方，等. 基于 iBeacon 定位技术的智慧图书馆[J]. 电子产品世界，2015，316（1）：31-35.

[17]张学梅. 公共图书馆特色数据库建设的思考[J]. 吉首大学学报（社会科学版），2017，38（S1）：116-119.

[18]刘彦丽. 泛在信息环境下的智慧图书馆服务——以北京大学图书馆为例[J]. 图书馆学刊，2014（7）：67-69.